柳香 김 창 균 에세이

세종출판사

작가의 말

길이 누군가가 지나갔던 흔적이듯이 우리도 또 다른 누군가에게는 흔적이 될 것입니다.

글을 쓴다는 것은 흔적이 되는 일인데, 편히 지나가는 길이었으면 좋겠습니다.

거리에 나서면 수없이 많은 말들이 돌아다닙니다. 그 말들이 서로가 살아가는 모습입니다.

순하고, 아프지 않게 무사히 지나가는 날들을 바랍니다. 그것이 축복이며 신선이 되는 길입니다.

쉽지 않은 길 인줄은 잘 알지만 누군가가 지나갔던 흔적을 더듬어봅니다.

여기에 실린 글도 코끼리 다리 만지듯 그 길을 찾아본 기록들입니다. 이 길 인지 저 길인지 분명하지 않으니 수도중이라고 보시면 됩니다.

등단하고 나서 책이 언제 나오느냐고 묻는 친구들에게 이제라도 답을 하게 되어서 다행입니다. 금년 가을은 나름대로 바빴습니다. 글 쓰느라고 사 두었던 책도 다 읽지 못하고 산에도 많이 못 갔습니다. 봄이 오면 좀 가볍게 살아야겠습니다. 그래야 신선 흉내라도 내어 볼 듯합니다.

며칠간 추운 날이 계속됩니다. 따뜻한 날의 축복이 우리 모두에게 내리기를 바랍니다.

나도 양지 바른 자리에 앉아 당분간 팔 신선들과 놀아야겠습니다. 그리고 서평을 맡아주신 박 양근 교수님과 특별 기고하신 김 평겸 타데오 신부님, 저를 아낌없이 격려해 주는 신석산 시인께 감사드리며 그 외 제 가족과 저를 아는 모든 분들에게 고마움의 인사를 드립니다.

2015년의 봄을 기다리는 날에

류향 김창균

선하게 사는 세상을 바라보는 시선

대한민국은 온통 편향된 이념과 인성의 부재 속에 빠져있는 오늘날이다. 어쩌다 이런 현상이 도래되었는지 우리 모두가 자숙해야 할 시기이다. 지금껏 우리는 오직 지위와 돈이 삶의 전부인 양 여기며 살아왔다.

그런데 이제는 경제적 수준도 어느 정도 갖추었고 생활의 여유와 멋을 부리고 싶은 상황에 도달했지만, 이것과 더불어 우리에게는 잘못된 요소들이 너무 많아, 도처에서 우리들을 위협하고 있기 때문이다.

경로효친은 사라진지 오래되어 부모님을 모르는 현실, 아이를 낳기 싫어 자식을 잘 돌보지 않는 현실, 내 몸을 내 몸이라고 마음대로 자살하는 현실, 가정이 무너지고 가족을 해체시켜 버리는 현실, 오직 지식만을 우선시 하면서 인성을 도외시 하는 현실 이런 다섯 가지의 기본적인 잘못된 인식들이 사회를 병리적인 현상으로 몰아가고 있는 중이다. 그러므로 인문학의 힘, 즉 만인을 포용하는 장르인

감상적이고도 직관적인 수필의 힘으로서, 현 사회의 모습을 보다 아름답게 바꾸고 싶어 하는 마음을 가진 저자인 김창균「효 문화지원본부」자문위원은 선(善)한 마음을 가진 사람들이 사는 사회를 갈망하며, 백행의 근본이라는「효 선언문」을 만들었다.

저자는 "효"정신이 현 사회를 치유하는 본질적 가치임을 선언했고, "효"정신이 양극화된 세대간, 이념간의 갈등을 해소하는 문화적 가치임을 선언했다. 그리고 효생각, 효실천, 효생활화 운동으로 인간성 회복과 사회적 동질성을 실현하고, "효"문화가 세계적 정신문화로서 인류에 공헌 할 수 있도록 계승 발전시켜 나가자고 하였다. 결국 저자가 지향하는 수필의 방향은 모든 이들에게 평화와 화합의 메시지를 전달하고 싶어 한다.

요즘 극단적인 이기주의와 기존 질서에 대한 저항이 혼란과 대립의 양상을 띠며, 상실된 인간성으로 우리가 가져야할 근본적인 정체성마저 흔들리고 있는 이때 저자의 만인을 포용하는 선(善)한 마음이 고스란히 담긴 이 한권의 수필은 정말 가뭄 끝에 단비를 만난 격이다.

보다 많은 사람들이 이 책을 통하여 자신의 마음과 대자연의 본질 속에 숨 쉬는 생명 자체의 존재가치를 아는데 도움이 되었으면 한다.

2015년 2월

사단법인 효문화 지원본부 본부장 시인 신석산

차례

제1부
지나가는 날들에 대하여

제2부

벚꽃 지는 날들에 대하여

제3부

세상의 날들에 대하여

특별기고

제 1 부

지나가는 날들에 대하여

강 나무 벤치

시내로 오가는 길에 나무 한그루가 서있다. 직장으로 향하는 강변길의 마지막 나무이며 집으로 가는 강변 도로 초입의 나무이다. 강변에는 벚나무들이 가로수로 심어져 있다. 그들은 강의 흐름에 따르지 않고 사람이 다니는 길을 따라 서 있다. 강물 가에는 다른 나무와 풀들이 서있다. 갈대와 물풀들이다. 강변길 초입에 선 나무는 왕 버들이다. 물풀 사이로 흐르는 물줄기는 흙빛이다. 왕 버들도 거죽이 흙빛이다. 나이가 한참 들었다. 강변길이 생기기 이전 오래 전부터 그 자리에 있었던 나무다. 등치에 주름이 많다. 쭈그러진 줄기와 가지들이 비스듬히 누워 이리저리 엉켜 있다. 죽은 가지와 살아있는 가지가 같이 붙어 있다. 가로수를 손질하는 구청 직원들이 왕 버들은 야생 그대로 버려두고 있다.

사람이 손대지 않는 자연은 자연이 스스로 건드린다. 물과 바람과 세월이 왕 버들과 같이 흐른다. 자연은 스스로 흐르는 것이다. 보여주고 보아줄 일이 없으므로 흐름은 덤덤하다. 덤덤한 흐름에는 아름다움과 추함이 없다. 사람이 아름다움과 추함의 경계를 갈라놓는다.

강변에 심어진 벚나무들은 아름답다. 봄날 바람에 휘날리는 붉은 꽃잎은 애달프고 여름날 잎사귀는 햇빛 앞에 싱싱하다. 살아 있음의 확실한 표현이 가슴을 뛰게 한다. 강가에는 원래 벚나무가 없었다. 갈대숲과 해오라기와 바람이 머물던 자리를 사람이 들어와 살면서 길을 내었다.

길과 나무와 사람은 서로 기댄다. 나무가 길을 따라 가고 사람이 나무를 따라 걸을 때 그들은 아름답다. 사람은 잎이 되고 나무는 그림자가 되어 둘의 분별이 흐릿해 지면 아름다움은 고요에 묻히는데 고요는 다시 아름다움의 경계를 넘는다.

바람이 왕 버들과 벚나무를 스쳐간다. 지나갈 때 그 둘을 구별하지 않는다. 벚나무의 가지를 흔들어 주듯 왕 버들의 가지도 흔든다. 사람이 만든 길과 강이 흘러가는 길도 나누지 않는다. 바람은 그들 모두의 길이기 때문이다. 강변에 꽃가루가 언제부터 날리기 시작했는지 아무도 기억하려 하지 않듯, 벚나무와 왕 버들의 아름다움을 다투는 일은 무의미하다. 빛의 꿈같은 벚꽃의 아련함이나 빛의 적막 같은 왕 버들의 고요함은 서로 다른 아름다움이 아니다. 아련함과 고요함은 생명이 주는 아픔의 다른 표현이다. 살아 있는 자는 모두 아프다. 거친 바람에도 아프고, 무심한 세월에도 아프다. 바람이 어디에서 온 것을 알지 못하듯 바람이 언제 지는지도 알지 못한다. 알지 못함이 또한 아프다.

왕 버들이 노을과 어둠 사이에 서 있을 때 그 아름다움에 벚나무가 초라해 보일 때가 있다.

강은 어두워지고 빛이 어둠의 길을 지나갈 때. 왕 버들은 물과 흙의 혼돈을 강물에 드리운다. 혼돈은 두려움이며 신비이다. 죽은 나뭇가지와 살아있는 가지는 구분이 사라지고, 정돈 되지 않은 형체는 설명할 수 없는 아름다움을 드러낸다. 사람의 손이 닿지 않은 왕 버들의 무질서가 자연이 가진 의미로서 보여 지는 때, 인간이 손을 댄 벚나무의 의미는 퇴색된다.

벚나무는 사람의 길에 서있다. 길게 늘어 서 있지만 무리지어 있지 않다. 각자 혼자이다. 그렇기에 그들의 아름다움은 분명하다. 다른 나무와 풀과 어우러져 어지러운 분위기를 일으키지 않는다. 눈부시게 피고 확실하게 진다. 오고 감이 명백하다.

사람이 걸어야 할 자리와 나무가 서야 할 자리는 다르다. 그럼에도 길 위에서 서로 어울린다. 사람이 나무 아래로 지나가고, 나무가 잎으로 사람을 가릴 때 별다른 신비감 없이도 그 둘은 아름답다. 따로 자연이 의미를 드러내지 않더라도 삶이 서로를 기대는 모습은 충분히 하나의 의미가 된다.

왕 버들 근처에 벤치가 있다. 산책하는 사람들이 강을 바라보기에 좋은 자리이다. 바로 뒤에는 벚나무가 서 있는 도로가 있다. 노을은 강과 도로를 같이 비춘다. 왕 버들과 벚나무도 다르지 않다. 자연은 사람이 만든 길과 물결이 가는 길을 구별하지 않는다. 벤치는 그 사이에 놓여 있다. 벤치에서 강과 나무와 그들이 가는 길을 본다. 물결은 물결대로 길은 길대로 흐른다. 벚나무와 왕 버들도 각자 아름답다. 어느 것이 낫다고 다툴 필요가 없다. 벤치에서 그들은 각자의 길이다.

선택

인간의 놀이 중에 노름이 있다. 먹고 먹히는 야수성을 재미거리로 삼은 스릴 있는 놀이다.

들판에 짐승들도 그런 흥밋거리를 가지고 있는지는 연구가 있어야 하지만 현재 없는 것으로 보인다. 노름은 게임이기 때문에 규칙을 필요로 하고 지능적인 게임의 구조가 있어야 한다. 그러니 지성이 없는 동물이 노름을 한다는 연구 보고서면 「종의기원」은 다시 써져야 할 것이다.

노름을 하게 되면 온몸이 긴장한다. 호흡과 눈빛이 사냥하는 짐승처럼 날카로워지고 주위의 반응에 민감하게 된다. 그렇지 않으면 장난밖에 안 된다.

이긴 자는 빼앗고 지는 자는 뺏기게 된다. 그 걸어놓은 운명의 무게가 클수록 노름이 주는 쾌감은 강력하다. 적어도 신이 지배하는 운명을 인간의 선택으로 만들고 다시 결과를 신에게 되돌리는 이런 해괴함은 오직 지성만이 가능하다.

에덴동산에서 아담이 지성을 선택했을 때 하느님이 그를 내친 것은 아담을 사랑하지 않아서가 아니라 아담이 운명을 선택했기 때문이다. 선택하게 되면 에덴동산의 완전성은 사라지고 행복과 불행이 나타나게 된다. 선과 악은 선택의 과정에서 생기는 것이다. 그래서 에덴동산은 하느님의 손으로 되돌아갔다.

선택은 인간의 지성으로 오고 완전성은 하느님에게로 돌아갔으나 이 사이에 시험이 생겼다. 인간 스스로가 서로의 것을 걸고 하느님을 시험하는 것, 그리하여 선택의 결과를 신의 책임으로 돌리는 무엄함이 묘한 엑스타시를 준다.

그 엑스타시는 노름판에 앉아 패가 돌아가기 시작할 때 하류에서 물이 차오르듯 시작되었다가 패가 펼쳐지면서 격렬하게 쏟아진다. 끗발을 겨눌 때 선택과 포기의 순간은 끝없이 흔들리고 조롱과 허세는 파도치듯 부딪친다. 던질 것인가 부수러 갈 것인가?

세포 하나하나가 미세한 기의 흐름을 추적하며 지각한다. 숨소리의 빠르고 거침, 손끝의 흔들림, 눈동자의 불안함을 측정하면서 승부를 선택한다. 적나라한 싸움의 순간들이다.

강한 자가 이기는 것이 아니라 이긴 자가 강한, 살고 죽음의 문제이다. 이 경우에는 진실과 거짓이 무의미하다. 노름판에 앉는 순간 규칙이 인간을 지배하는 것이 아니라 인간이 규칙을 지배한다. 한

끗으로 열 끗을 이길 수도 있고 장땡을 쥐고도 던져야 할 때가 있다.

확률로 계산한다면 게임에 참석한 모든 사람들이 이길 기회는 1/N 이다. 그것이 자연의 질서가 주는 정직한 계산법이다. 공평과 평등이 지배한다고 믿어야 노름이 성립된다.

누구에게나 주어지는 기회와 베팅할 것인가 던질 것인가. 기다리느냐 부수러 갈 것이냐? 이 모든 선택은 참가자의 의지다. 평등과 자유는 누구에게나 주어지지만, 같은 결과를 주지는 않는다. 물주와 호구가 난무하고 타짜와 구라 꾼이 돌아다닌다.

평등이 정의가 아니고 자유도 진실의 편이 아니다. 마찬가지로 타짜가 악이 아니며 물주도 선이 아니다. 따고 잃는 도박판에 무슨 선악이 있겠는가? 그들 모두가 운명의 룰렛 앞에 선자들이다.

우연이 필연을 이길 수 있는가? 그럴 수 있을 것이다. 필연이 우연을 결정할 수 있는가? 그럴 수 있을 것이다. 운명 앞에 믿을 수 있는 것은 아무것도 없다. 심지어 운명조차도 믿지 못한다.

화투에 그려져 있는 그림들은 12달의 흐름을 나타낸다. 12달은 시간의 운행을 나누어 놓은 인간의 시간이다. 소나무와 매화 오동과 봉황 벚꽃과 국화 그들은 자연의 흐름에 따르며 가고 옴을 선택하지 못한다. 신의 시간에 있기 때문이다. 그러나 그들이 인간의 시간에 들어 올 때 은밀한 반역에 동참하게 되는데 그 반역은 다분히 자연에 대한 조롱이다.

이러한 조롱을 장난처럼 하는 이가 있다. 조 영남은 화투를 모아 꽃으로 표현하기도 하고 동양화라는 표현으로 실물 그대로 전시하기도 한다. 그의 착상이 현실의 무거움에 대한 가벼운 농담인지 아니면 치열한 현실 인식의 결과인지는 보는 사람의 시선에 따라 결정될 것이다. 시선 또한 선택이니 그는 또 다른 노름을 하고 있는 것이다.

일본의 만화작가 후쿠모토 노부유키의 작품 중에 도박 묵시록 카이지라는 작품이 있다.

우리가 흔히 하는 가위 바위 보와 같은 간단한 놀이도 치명적인 노름이 될 수 있다는 것을 보여주는 섬뜩한 작품이다. 주인공 카이지는 우연한 사건에 얽혀서 도박의 세계에 들어가게 된다. 그곳은 빚이라는 굴레로 인간을 얽어매어 노름을 통하여 이기지 않으면 영원히 빠져 나올 수 없는 함정이다. 카이지는 행운과 불운의 순간들을 거치며 그곳을 탈출하지만 도박의 세계를 벗어나지는 못한다. 다시 자의와 타의. 행운과 불운의 순간이 찾아오고 그는 12달의 시간이 순환하듯이 노름과 노름사이를 회귀하게 된다. 인간의 운명에 관한 통절한 해석을 노부유키는 카이지를 통해서 하고 있는듯하다.

결국 인간이 에덴동산을 떠나올 때 신이 선물한 선택의 자유는 우연과 필연이 겹치는 회귀의 고통을 인간에게 남겼다. 이것이 인간이 짊어져야 할 원죄다.

이 원죄를 소멸시키기 위해 인간은 다시 신의 시간으로 돌아 가야한다. 비밀이지만 노름 자체가 인간의 선택이 아니라 신의 선택이기 때문이다.

나훈아

어스름한 저녁나절, 막걸리 한 사발 걸치고 컴퓨터 앞에 앉는다. 하루의 긴장이 클수록 술이 주는 기분 풀이는 크다. 취기가 돌면 살아가는 어려움도 가볍게 느껴진다. 음주엔 가무가 따른다. 마음을 격탕 시키는데 노래와 춤은 술과 더불어 반드시 따르는 3종 세트다. 그래서 길거리엔 노래 주점이나 연습장이 즐비하다. 옛날엔 특별한 날이나 행사 때 즐기던 음주 가무가 일반화 되어 언제나 쉽게 즐기게 되었다. 나 역시 한동안 유흥업소에 친구들과 자주 출입했던 시절이 있었다. 그런데 어느 순간부터인지 그런 업소에 가게 되는 일이 뜸해졌다. 춤추고 노래하는 일이 힘겨워 지고 그저 구경하는 일이 좋았다. 그래서 술 한 잔 마시면 집에 돌아와 텔레비전을 보거나 시디 음반을 듣거나 했다. 그러다가 우연히 유튜브라는 것을 알게 됐다. 신천지였다. 그 안에 온갖 것이 다 있었다. 노래, 춤, 공연, 영화 등 인간이 만들어낸 온갖 볼거리가 다 나왔다. 갑자기 행복해졌다. 마술사가 된 듯 키보드만 두드리면 보고 싶은 것들을 볼 수 있다니 ! 그래서 컴퓨터를 켜면 자주 유튜브에 들어갔다. 명강사의 강의도 듣고, 오케스트라의 연주도 들으면서 전자 문명의 이기를 즐겼다. 특히 술 마신 날 저녁 가수들의 공연을 보면 알코올이 주는 과장된 감정이 라이브 공연의 현장감을 느끼게 했다. 그래서 이 기분을 살리기 위해 컴퓨터의 사운드 카드와 스피커에 약간의 돈을 투자했다. 그리고 보니 훨씬 음향감이 살아났다. 역시 신경 쓴 만큼 보답이 오는 법이다. 문명의 구조가 그렇다. 가까이 접하고 기능을 이해하면 그에 대한 보상을 준다. 반대로 귀찮게 생각하고 멀리하면 방해가 되는 부담일 뿐이다. 음악도 마찬가지다. 클래식을 듣거나 대중가요를 듣거나 간에, 자주 듣고 가수의 음색에 젖으면 감정이 동화된다. 동화가 감동을 일으킨다. 소리에 있어서는 듣는 이의 감성과 부르는 이의 호소가 맞아 떨어질수록 울림이 큰데, 감수성의 바탕은 듣는 사람의 문화적 환경이 크다. 시대적 상황과 자라온 배경이 감성의 바탕이 된다.

막걸리 한 사발 들이키면 현실의 답답한 짜임새가 느슨해지고 두 잔이면 헐거워진다. 석 잔이면 －나에게는 석 잔이 적당하다－ 빈 구멍이 뚫리고 나에게 말을 걸고 싶어진다. 그 즈음에 흥이 일어나고 노래가 신바람을 돋워준다. 이 때 클래식은 맞지 않다. 대중가요가 제격인데 가요는 이야기를 가지고 직접 소통하기 때문이다.

유튜브를 통해 노래를 찾을 때 처음엔 송창식이나 양희은의 포크, 신중현의 록 음악 계열을 주로 들었다. 익숙하기도 했지만 그들이 들려주는 음악은 본능적 감정을, 시적 절제를 통해서 들려주는 세련됨이 있었다. 그래서 그들이 들려주는 정제된 감정들을 들었다. 여기까지가 석 잔째이다.

넉 잔째로 들어가면 감정의 절제가 어색해진다. 손과 발이 같이 움직이고 어깨가 들썩이는 신명의 상태가 시작된다. 감동이 일치에서 온다면 일치는 서로 통해야 한다. 내가 가진 삶의 박자와 장단이 상대와 맞아 떨어져야 마음의 떨림이 온다. 그 때 흥이 찾아오는 것이다. 흥이 나면 신명이 일어난다. 이때는 노래가 문제 아니고 접신을 해야 하는 것이다.

접신은 박자와 장단이 중요하다. 발을 두드리되 호소하듯 굴리고 손은 기운을 풀어내며 마주쳐야 한다. 그러면서도 단순해야 한다. 아픔과 슬픔 기쁨과 즐거움 4박자로 치고, 슬픔과 기쁨의 두박자로 흔든다. 그래야 하늘과 땅의 이분법이 명료해 지는 것이다.

접신은 기본적으로 하소연이며 대중가요는 넋두리가 되어야 한다. 흑인 음악인 힙합이나 레게가 사랑받는 이유도 삶의 중얼거림에 있는 것이다. 우리의 넋두리 음악은 판소리라 할 수 있지만 연극적 요소가 많아 대중이 쉽게 접하기 어렵다. 오히려 타령이야 말로 흥이 넘치는 애드리브다. 이 흥겨움이 현대적 음계로 발전된 형태가 트로트가 아닌가 한다.

그래서 넉 잔째의 음악은 트로트이다. 트로트에는 4대 가수가 있다고 한다. 오랫동안 사랑받아온 국민 가수들이다. 그들의 음악을 찾아서 듣다 보니 리듬이 경쾌하고 하소연이 직접적이어서 흥얼거리기에 제격이었다. 사랑과 이별도 쿨하게 노래 불러서 감정 낭비를 하지 않아 충분히 주객과 어울릴만했다. 역시 시류에 맞게 가벼웠다. 사람의 감정을 붙들어 매어 흔들어 대지는 못했다. 그저 쉽게 흘러갔다.

그렇게 웹 서핑을 하다 나훈아를 보게 되었다. 정확하게 이야기하면 의식적으로 피하다가 마땅히 듣고 싶은 노래도 없어 열어 보게 되었다. 1시간 30분짜리 특집 공연물이었다.

규모가 큰 대작이었다. 출연진과 무대장치가 화려했다. 댄서와 백 코러스, 오케스트라 그리고 조명장치. 뮤지컬이나 오페라 공연을 해도 어색하지 않을 규모였다. 그 곳에 나 훈아가 섰다. 그리고 그의 노래를 불렀다. 그의 느끼함과 촌 머슴의 지게 작대기 장단 같은 흥이 청중들을 들썩이게 했다. 그는 젊은 시절보다 진하고 당당하게 자신을 드러냈다. 예전의 나는 그의 노래를 싫어했다. 맨살과 맨 감정을 그대로 드러내는 노랫말도 그렇지만, 굴곡치는 성량으로 감추지 못할 욕망을 그대로 토해내는 원시성이 싫었다.

나는 그때 숨기고 싶었다. 나의 무지함과 빈한함과 부족함에 대한 허기를 보여주고 싶지 않았다. 세련된 도회인의 이미지를 가지고 싶었다. 그래서 사랑이라든가, 고향이라든가 하는 원초적 감정을 노골적으로 드러내는 촌스러움이 부끄러웠다. 더구나 그의 음성은 기름진 황토였다. 거기에 시골 소장수를 떠올리게 만드는 거친 굴곡의 얼굴과 손발. 지적으로 보이지 않는 웃음과 몸짓. 맙소사 거기에 더해 찡긋거리는 눈 사위라니. 아! 남세스러운 노릇이었다.

그 때 우리 사회는 한참 성장하고 있었다. 농촌에서 도회로 무수한 사람들이 이동했다. 무지와 가난으로부터 벗어나고자 몸부림치던 시대였다. 우리는 서양인들의 여유와 절제된 표현능력을 동경했다. 그리고 모방하기 시작했다. 같은 시기 나 훈아와 같이 인기를 끌었던 남진은 엘비스 프레슬리를 흉내 내기도 했다. 남진의 도회적 세련미는 서양 가수의 창법을 따라 불러도 하나의 재미로 받아 들여 줄 수 있었다.

그런데 나 훈아는 천생 시골 머슴이었다. 그의 이미지는 촌에서 갓 상경한 더벅머리 총각이었다. 그러면서 촌 사내 티를 내지 않으려고 세련된 몸짓을 보이려 하지만 그 모습이 더 어색했다. 거기에 더해 그는 마초이기도 했다. 근육질의 그가 내뿜는 육향은 야성을 느끼게 했다. 지적 순수성을 추구했던 사람들에게는 정말 야만스런 혐오였다.

그런데 수 십 년이 지나 그의 노래를 듣는다. 그는 여전히 마초이다. 세월이 흘러, 도시 물에 젖어도 한참 젖었지만 그는 여전히 촌스럽다. 폭포 같은 과잉된 감정처리도 여전하다. 고향역의 코스모스는 그가 여전히 시골 정조에 머물러 있음을 보여준다. 시익하고 입고리가 벌어지며 웃는 징그러움도 여전하다. 그런데 정겹다. 그의 멋지게 보이려는 어색한 몸짓과 말솜씨도 다정하게 느껴진다. 압도적인 성량으로 부르는 사랑과 이별의 직설적 가사가 파바로티의 고상한 사랑 노래보다 더 마음에 닿는다. 돌려서 말할 필요 없다. 사랑하고 또 사랑해서 죽을 것 같은데, 무슨 숨길 일이 그리 많겠는가? 감춤으로써 더 많은 말을 할 수 있다는 것은 수사법이다. 나는 그냥 소리치고 싶다. 사랑한다. 보고 싶다 라고! 몸짓을 갈고 딱은 것이 세련됨이라면 그것은 불편한 허위다. 우리는 투박함과 세련됨을 오고 간다. 나 훈아의 몸짓이 그 사이에서 흠칫댄다고 느낀다면 그것은 나를 보는 부끄러움이다. ―실제의 나 훈아는 아주 세련된 사람이다―. 트로트는 그런 면에서 정직하다. 속이지 않고 직접적으로 쏟아낸다. 노래의 꺾임은 호소다. 나 훈아는 그런 면에서 탁월하다. 적어도 그는 자신의 감정을 누구보다도 확실하게 전달한다. 그 강함의 정도는 느끼한 뻘밭이다. 그래서 빨려든다. 그리고 마지막 한 가지 내가 그를 싫어했던 결정적 이유. 그의 야성스러움이 이젠 정말 좋다. 부럽다.

명량

영화 명량이 왔다. 누적 관객 수 1700만이 넘었다. 아바타를 넘어 흥행 신기록을 세웠다고 한다. 나는 개봉 첫날에 보고 왔다. 김훈이 쓴 「칼의 노래」에 대한 감동도 있었지만 과장과 허위의 이야기가 판을 치는 세상에 한번쯤은 진지한 이야기를 듣고 싶었다. 주연인 이순신역의 최 민식은 사람의 허약함을 휴머니티로 녹여 낼 줄 안다. 그래서 영웅의 이야기를 불안한 인간의 이야기로 바꿔내는 능력이 탁월했다. 명량에서는 바다도 불안하고 인간도 불안했다. 좁은 수로로 빠져드는 바다의 울음은 인간의 울음이었다. 바다도 나아가고자 하는 욕망이 섬과 부딪치면 심하게 운다. 욕망이 주는 삶과 죽음이 견딜 수 없는 두려움을 주기 때문이다. 두려움은 삶에 대한 욕망으로 부터 온다. 목숨에 대한 애착이 죽음의 대척점에 설 때,

그를 넘어서는 것은 용기다. 이순신이 기다린 것은 바로 그 용기였다. 용기는 울음이 다한 지점에서 생긴다. 명량의 울음이 다하고 군사의 울음이 다하고 자신의 울음이 그치는 바로 그 자리에서 비로소 죽을 용기가 생긴다. 그곳이 울돌목이었다. 그리하여 12척과 300척의 싸움이 시작되는 것이다. 그 자리에는 이미 삶과 죽음 의 문제는 없다. 단지 힘써 싸울 뿐, 이기고 짐은 싸우는 자들의 몫이 아니다. 바다는 피에 젖었고 산자의 울음과 죽은 자의 덧없음이 하루 종일 떠돌았다. 1597년 9월 그렇게 명량의 바다는 시작되고 전설이 되어졌다. 생즉생 사즉사. 살려고 하면 죽는다. 죽고자 하면 산다. 이 말은 모든 싸우는 자에게 바치는 헌사다.

명량 이전에 칠천량이 있었다. 살기위해 죽음을 찾아간 바다. 미친바람이 판옥선을 칠 때 도망간 자는 살지 못했다. 산자는 모두 운명적이다. 죽음 또한 운명적이다. 그 사이에서 인간이 할 수 있는 일은 견디는 일이다. 침묵하라. 고요하라. 운명이 그대를 거둘 때까지 달아나지 말라. 사는 일은 무척이나 견디기 힘든 싸움이다, 그 싸움에서 등 돌리지 말라. 운명은 사나운 발톱이다. 그러니 섬 밖으로 나가라. 섬 안의 섬 칠천도로 원균이 숨어 들 때 이미 명량은 시작되었다.

이순신은 운명 앞에 정직했다. 속이지도 피하지도 않는다. 단지 주어진 그 무엇에 자신을 맡길 뿐, 다른 아무 것도 없다. 놀랍도록 단순하다. 단순하므로 장중하다. 영화는 엄혹한 현실을 마주하는 인간의 무거움을 바다처럼 그려냈다. 의미를 강요하지 않고, 인간의 두려움과 용기를 집중적으로 보여준 감독과, 연기자의 해석이 1700만 관객을 끌어낸 힘인 것 같다. 가볍고 과장된 허위가 난무하는 여름 영화 시장에 이순신이라는 진지한 역사를 다룬 영화가 이렇게 인기를 끈 이유가 무엇일까?

우리가 가지고 있는 근본적인 고통을 건드렸기 때문은 아닌가? 사는 일의 험난함과 답답함, 무거운 삶이 주는 압박감 에 대한 감정 전이가 보편적 동감을 얻었다고 본다. 가볍게 살고 싶지만 산다는 것은 무거운 일이다. 참을 수 없는 일도 참아야 하고, 견딜 수 없는 일도 견뎌야 한다. 그러므로 고통이다. 고통을 피하려면 달아나야 한다. 배설이 그렇다. 칠천량에서 12척의 배를 구명도생한 그는, 다시 목숨을 구하려 야반도주했다.

역사적으로는 권율 에게 죽었고 영화에서는 안위의 활에 죽었다. 어차피 살 길은 없다. 사는 일 자체가 고통이기에 고통을 피해 사는 방법은 없다. 사는 일은 죽는 일과 병치한다. 그래서 치사지후생, 죽을 땅에 이르러서야 산다는 것이다. 초한시대의 한신이 친 1만의 배수진이 조나라의 20만을 섬멸한 것도 죽음에 대한 두려움이다. 이순신이 선택한 것도 죽음이었다.

백의종군부터가 이미 살길을 찾으려고 한 것이 아니었다. 그는 운명 앞에 배수진을 치고 있었다. 선조의 교서로 육지에서 싸우라 함을 거부한 것도, 죽음으로 삶을 극복하려 함이었다. 그 자리가 명량이었다. 명량에서는 바닷물이 돈다. 앞으로 가려 함도 뒤로 물러나려 함도 인간의 선택이 아니다. 바다도 섬에 묶여, 오고 감을 선택하지 못한다. 그래서 인간도 바다도 모두 그 자리에 묶여 있다. 임진과 정유의 7년이 서로의 욕망을 묶었다면 명량에서는 죽음이 그들을 묶었다. 죽음 앞에서는 배의 척수가 무의미하다. 가짐을 다해 싸울 뿐이요 목숨은 인간의 소관이 아니었다. 대장선이 홀로 구루지마의 선봉대 앞에 섰을 때 하나는 삶이요 하나는 죽음이었다. 그 사이에도 죽음이 있었다.

구루지마 미치후사는 해적이었다. 뺏는 자는 빼앗김을 알지 못한다. 빼앗기는 두려움과 절망을 이해하지 못한다. 그래서 울돌목의 울음 속으로 들어서지 못하는 것이다. 싸움은 울음이며 명량에서는 바다의 울음 속으로 들어서야 했다. 이 싸움에서 울음 속으로 들어선 자는 이순신이며 구루지마는 울음 밖에 있었다.

죽음 속에 있는 자를 산자가 다시 죽이지는 못한다. 총과 화포가 살과 뼈를 갈라도 죽은 자는 다시 산다. 물 흐름이 바뀔 때 산자는 죽고 죽은 자는 살아났다. 명량의 소용돌이는 이 모든 소란을 침묵 속으로 밀어 넣었다. 그리고 다시 삶과 죽음은 시작되었다.

지금 울돌목 그 위로 다리가 놓여 있다. 진도 대교다. 인간의 의지가 그 소용돌이를 건넜다. 지나다니는 사람들은 그날의 일을 다 알지 못한다. 그러니 아는 자는 알고 모르는 자는 모르도록 하라. 그들 모두 험난한 삶의 울음 위를 매일 걷고 있다.

살아가는 일은 흔들리는 다리 위를 걸어가듯 위험하고 조심스런 일이다. 촉나라 산길을 오르듯 한발 한발 조심히 발 디딜진저.

소오강호

무협소설이라는 대중예술 장르가 있다. 우리나라에서 마니아 층도 두텁고 역사도 제법 오래 되었다. 서양에 판타지가 있다면 동양에는 무협이 그에 대비된다 할 수 있다. 처음 시작은 중국으로 부터이다. 춘추 전국시대의 유협에서 시작되어 명 청 시대를 거친 수호지와 서유기의 협객 이야기가 현대적 리얼리티를 살려 창작된 오락물이 무협이란 형태로 알려졌다. 우리나라에 본격적으로 알려지게 된 때는 김광주의 번안물(울 지문 원작) 「정협지」 부터이다. 이후 와룡생과 고룡, 사마령과 같은 작가들의 번역물이 소개되면서 낙양의 지가를 올리는 인기를 한동안 누렸다. 지금은 영화와 게임등 여러 매체의 소재로 널리 사용되어 지고 있다.

무협이 다루는 주제는 정 과 사, 의 와 정 같은 보편적 문제를 다루고 있으나 그 중심을 관통하고 있는 것은 협이다. 협이란 사전적 의미로는 옳음을 위하여 희생하는 정신이다. 여기에서 옳음은 바를 정이다. 충과 효 우정과 의리 같은 전통적 가치이다. 그 가치의 경계를 가르는 기준도 명백하다. 선과 악이 뚜렷하게 갈라져서 의심의 여지가 없다.

그 단선적 가치를 지키는 주인공은 순수한 인간의 원형으로 비장하기 까지 하다. 협객의 원형이라는 형가가 역수를 건너면서 불렀다는 한수의 노래는 그 비장미에 서늘한 기운까지 돈다.

> 風蕭蕭兮易水寒 壯士一去兮不復還
> 바람은 소슬하고 역수 물은 차구나. 장사 한번 떠나가면 돌아오지 못하느니

진시황을 베기 위해, 연나라의 국경을 지나는 역수를 건너면서 의를 위해 정을 끊는 사나이의 애절함이 가슴을 선듯하게 벤다.

의와 협을 위하여 목숨마저 가벼운 자들의 이야기는 시원하고 장쾌한 카타르시스를 제공했다. 무협소설이 한참 인기를 끌던 시기는 도시화와 산업화가 진행되던 60-70년대의 한복판이었다. 그 때 우리 사회의 중심 가치는 변하고 있었다. 유교적 가치는 무너지고 개인주의와 실존이 문제되기 시작했다. 물질이 지배하기 시작하고, 기존 질서가 해체되고 있었다. 효율성과 실리성이 가치 판단의 기준이 되었다. 도시화가 진행되면서 농경 사회의 자연 법칙이 산업

사회의 경험 법칙으로 바뀌면서 갈등의 폭이 커졌다.

사람들은 도시라는 거대한 매트릭스 앞에 위축되기 시작했다. 겪어보지 못한 정신적 공황이 찾아오기 시작했다. 아직 새로운 세계는 완전히 찾아오지 않았다.

이러한 시기에 협의를 걷는 무사들의 이야기는 사람들의 왜소한 콤플렉스를 자극해 스트레스를 푸는 대리만족의 쾌감을 선사했다.

특히 동남아시아에까지 대 히트를 쳤던 김용의 작품과 와룡생의 옥차맹 등은 인간에 대한 깊은 통찰까지 있어 고전의 반열에 오를 만했다.

김용의 「천룡팔부」를 보면 불교와 도가의 세계관이 겹쳐지면서 의와 정, 허무와 탐욕의 인간 드라마를 장대하게 그려내어 마치 셰익스피어를 보는듯한 깊은 통찰력과 문학성을 보여주었다. 와룡생 역시 「옥차맹」 －우리나라에서는 「군협지」로 번역 출간 되었다－에서 그려낸 서원평과 역천행은 인간의 한 전형을 보여주어 실생활에서도 자주 인용되며 대중들의 사랑을 받았다.

무협에서 다루는 무는 비현실의 세계이다. 인간의 한계를 넘은 초인의 능력을 그려낸다. 현실의 벽에 갇힌 허약한 인간의 원념을 상상으로 바꿔놓은 상상계의 이야기이다. 그러나 서양의 환상 소설과는 달리 현실계를 바탕으로 한다. 리얼리티가 강하므로 감정이입이 쉽다. 실패와 고난의 시기를 지나 우연한 일들이 겹쳐 마침내 절대 고수가 되는 무협의 스토리 라인은 뻔한 이야기이지만 답답한 일상의 찌들림을 잊게 하는 청량제가 된다.

무협과 같은 비현실은 현실의 다른 이면이다. 현실과 비현실 그 둘이 같이 있어야 완전한 세계가 된다. 김용의 소오강호는 이 답답한 살아감에 대한 해탈이다. 우리나라에는 동방불패란 임청하 주연의 영화로 잘 알려져 있는 소설이다.

소오강호는 명리에 대한 도교적 해탈이다. 주인공 영호충은 정파의 제자이나 그에 속하지 않는다. 그렇다고 사파인 마교에 속하지도 않은 존재이다. 정사지간의 존재도 아니다. 그는 자유에 속한 존재이다. 그가 마시는 술은 바로 자유의 상징이다. 그는 아름다움 자체를 추구하며 그의 아름다움은 자유이다. 집착을 거부한다. 그러므로 그가 속한 세계는 현실의 세계가 아니다. 그러므로 그는 큰 웃음에 한소리 노래를 한다. 일장 홍소는 명리에 대한 오연함이다.

그가 가진 무공은 독고 구검이다. 독고구패라는 절대 검성이 남겨 놓은 검의 전수자인 것이다. 검결의 요체는 일정한 형이 없다. 무초 즉 유초이며. 유초 즉 무초이다. 형과 쓰임의 격식이 없으므로 흐름이 곧 형식이다. 상대에 따라 변초 하므로 투로를 가진 검으로는 독고구검을 파해하지 못한다.

이에 반해 규화보전의 무공은 양이 음으로 변하는 기가 역류하는 무공이다. 그러므로 변화가 괴이하다. 예측 불허다. 동방불패와 악불군은 자신의 남성을 거세할 정도로 명리에 집착한다. 흐름을 거스름은 파괴적인 힘을 필요로 한다. 역류는 점점 더 강한 힘으로서만 위로 흐를 수 있다. 그 힘이 꺾이게 되면 역류는 사라진다. 그러므로 집착은 남을 파괴하고 자신마저 파괴해야 멈추게 되는 것이다.

소오강호는 자유에 대한 질문이라고 할 수 있다 인간에게 자유란 무엇인가? 정사 양도가 있는 강호는 결코 자유를 주지 못한다. 인간은 자유를 향해 열려 있는 존재 일 뿐이다.

영호충은 화산파와 마교를 떠남으로서 자신의 자유를 찾으려고 했다. 그러나 강호를 떠날 수 있을까? 이 세상 도처, 살아 있음이 강호인데 명리를 떠난 세상은 없다. 그저 한소리 크게 노래를 부를 뿐, 현실과 비현실 무초즉 유초이다.

滄海一聲笑 창해일성소 (영화 소오강호 주제곡)

滄海一聲笑 滔滔兩岸潮 浮沈隨浪記今朝 蒼天笑紛紛世上滔 誰負誰乘出天知曉 江山笑江山笑煙雨遙 濤浪濤盡紅塵俗事知多少

푸른 바다에 한소리 웃음. 출렁이는 파도는 바닷가에 물결을 치고, 물결 따라 흘러가며 아침 해를 본다. 푸른 하늘 아래 웃으며 어지러운 세상사 물결에 흘린다. 이긴 자는 누구이며 진 자는 누구인지 저 밝아 오는 하늘은 알까? 강산을 보고 웃으니 물안개가 피어난다. 파도와 풍랑이 다하고 인생은 늙어가니 세상사 알아 무엇 하리.

(이하줄임)

정수와 꼼수

타짜라는 영화가 있다. 나는 영화 이전에 허영만 화백의 그림으로 된 타짜 4부작을 모두 읽었다. 제1부「지리산 작두」제2부「신의 손」제3부「원아이드 잭」제4부「벨제붑의 노래」김세영의 글이다. 김세영은 스토리 작가인데 사람의 돈에 대한 욕망을 탐구해 나가는 솜씨가 일품이다. 나는 일본 작가들의 섬세한 심리 탐구에 경탄하지만 우리나라의 작가들도 강렬한 심적 요동을 잡아나가는 솜씨가 절묘하다.

영화로 나온다고 했을 때 나는 만화의 상상력을 영화가 실사로 구현해 낼 수 있을지 의심스러웠다. 대부분의 경우 그림의 상상력을 영상으로 표현하기에는 한계가 있었다.

만화나 소설인 활자 문화는 비주얼이나 장면의 변화에서 독자의 적극적인 상상력이 작용한다. 그러난 영화와 같은 영상물의 경우에는 관객 참여가 제한되어 있어서, 상상력이 참여 할 여지가 적다. 비주얼의 해석이 감독의 역량에 달려 있기 때문이다. 그래도 영화 타짜 지리산 작두 편은 어느 정도 성공한 작품이라는 데 나는 동의한다.

출연자들이 타짜의 성격을 잡아내는데 무리가 없었기 때문이다. 그래서 원작의 성격이 제대로 표현된 영화라고 생각한다.

타짜가 가지는 작품의 매력은 邪(사)의 탐구에 있다. 이 영화에서 선과 악은 없다. 서로가 가해자이며 피해자이다. 그리고 각자 정수와 꼼수다. 스팅이란 서양의 사기꾼 이야기와 다른 점은 선과 악의 구도가 마침내 破邪顯正(파사현정)하는 유쾌함이 타짜에서 없다는 이야기다. 속고 속이는 치열함만 있다는 것이다. 그 근저에 있는 것은 생존이다.

꼼수를 한마디로 잘 표현한 타짜의 카피가 하나 있다 「손은 눈보다 빠르다」는 간명한 선언이다. 그렇다 꼼수는 정수보다 빨라야 한다. 늦으면 그 손은 잘린다.

손이 잘린 이야기를 하다 보니 에이허브 선장이 생각난다, 허만 멜빌의 백경이라는 소설의 포경선 선장이다. 백경의 해석은 다양하다. 기독교적 가치관으로 보는 경우도 있고 정신심리학적으로 분석하는 경우도 있다. 여기에서는 해석을 유보한다. 단지 백경을 포획하기 위한 광적 집념으로만 본다. 에이허브는 백경을 잡으려다가 다리를 잃었다. 원수이면서 살아가야할 이유다. 온갖 수단을 동원하여 백경을 잡는다. 그 과정에 많은 목숨이 희생된다. 목적을 위하여 모든 방법은 정당하다. 꼼수도 이기기 위한 수단으로 정수가 된다.

바둑을 두는 사람들은 정수와 꼼수를 잘 안다. 19로의 바둑판에 돌의 움직임이 무궁무진하기 때문이다. 바둑을 처음 배울 때 정수를 배운다. 정수는 대국자 상호간에 손해 보지 않는 균형점을 이루는 수들이다. 이기기 위해 균형점을 깨면 무리수가 된다. 꼼수는 그러한 악수를 유도하는 유인수다. 야구에서 투수가 스트라이크 존을 살짝 벗어난 투구로 삼진을 유도하듯이 상대의 실수를 유인한다. 주로 상대의 흔들리는 욕심을 건드린다. 자신의 집이라는 확신에 대한 응수타진, 혹은 슬쩍 던져보는 미끼. 약점에 대한 반응 등 감정을 요동치게 만든다. 하수는 그런 수를 덜컥 문다. 부끄럽게 나 자신도 그렇다. 깨달음이 부족하기 때문이다. 미안하다.

바둑을 처음 두게 되면 정수로 시작하게 된다. 꼼수는 배워 보아야 소용없다. 원리와 변화를 모르기 때문에 실패하기 십상이다. 꼼수는 정수의 파생물이어서 서로 연결하여 이해하여야 제대로 된 변화를 쓸 수 있다. 그래서 어렵다. 정수를 알고 꼼수를 쓴다.

이정도 경지에 오르려면 프로의 경지에 가야 한다. 무수히 많은 공부가 필요하다는 이야기다. 그래서 어느 분야이든 프로는 무섭다. 어설픈 아마추어들이 고수의 흉내를 내는데 잘못하면 패가망신하기 십상이다. 프로란 그 일로 밥을 먹는 사람들이다. 이 세상에 밥 먹는 일처럼 절박한 일이 어디 있는가? 타짜도 프로이다. 그러므로 지리산 작두와 아귀가 사는 노름판에는 속임수도 정수가 되는 것이다. 다만 손이 눈보다 빨라야 한다는 명제를 잊지 말아야 한다. 아마추어 중에는 자신의 실력을 과신하여 자존심을 내세우며 하수임을 인정하기 싫어하는 사람들이 있는데 이런 부류의 사람들은 정말 좋은 물주이다. 노름의 역사를 들어 보다 보면 별별 사건들이 다 있다. 재산 잃고 마누라 뺏기고 나중에는 목숨까지 바치는 이야기가 대부분이다. 또 어떤 게이머 중에는 게임이 신사지도 임을 내세우며 꼼수를 쓰는 것에 대해 극히 경멸하는 부류도 있다. 군자지도나 신선지도를 내세우는 사람들이다.

그러나 군자지도와 신선지도를 논하려면 본류와 말류를 모두 알아야 한다. 그렇지 않으면 송나라 양공처럼 적의 군사가 강물을 건너는 때 적을 치지 않고 적이 진을 다 친 다음에 싸워 결국 패하고 마는 미련한 짓을 하게 되는 것이다. 도의 본류는 정변이고 말류는 기변인데 이 정과 기를 다 알아야 비로소 군자와 신선이 되는 것이다. 소아를 찾다가 대도를 잃는 격이다.

요즘 사업에서 실패하는 사람들이 많이 있다. 이야기를 들어보면 대부분 주변 환경 탓을 하는데 틀린 말은 아니다. 경쟁자가 많고 소비자의 변덕이 심하고 투자 금액이 크며 원가가 높아 타산이 맞지 않는다, 등등이다. 그런데 자세히 생각해 보면 시작하기 전부터 실패의 요인들이 결정되어 있는 경우가 많이 있다. 사업 계획부터가 철저하지 못한 것이다.

자기가 하고자 하는 사업에 대해 경험도 없고 실력도 없는 것이다. 사업은 돈으로 하는 것이 아니라 경륜과 실력으로 하는 것이다. 성공한 사람들은 치열한 노력과 실패의 경험으로 마침내 일가를 이룬 사람들이다. 그들은 사업에서도 정수와 꼼수를 통달한 프로들인 것이다. 하수라고 생각되면 일단 자중하라.

술과 담배에 대한 변명

술에 관해서는 이야기가 많다. 멋들어진 시도 많다. 이백의 「월하독작」이란 시를 읊으면 신운이 감도는데 달 아래 홀로 술을 마시며 물아 일여 자타불이의 신선 계를 주유하는 모습이 멋있다. 먼저 꽃은 없지만 맑은 술 한잔 과, 시 한수를 들려드린다.

이백(李白) : (701~762)

(月下獨酌) 달 아래 홀로 술을 마시며

花間一壺酒 (화간일호주) 꽃을 사이에 두고 한단지의 술을
獨酌無相親 (독작무상친) 친구 없이 홀로 술을 마신다.
擧杯邀明月 (거배요명월) 잔을 들어 밝은 달을 청하니

對影成三人 (대영성삼인) 달과 나와 그림자 셋이 되었네.
月旣不解飮 (월기불해음) 달은 원래 술을 못하고
影徒隨我身 (영도수아신) 그림자는 나를 따를 뿐이네.
暫伴月將影 (잠반월장영) 잠시나마 달과 그림자 함께 벗 삼아
行樂須及春 (행락수급춘) 봄이 다가기 전 함께 즐긴다.
我歌月徘徊 (아가월배회) 내가 노래하면 달은 이리저리 거닐고
我舞影零亂 (아무영영란) 내가 춤추면 그림자도 따라 춤추네.
醒時同交歡 (성시동교환) 취하기 전에는 함께 즐겁게 놀고
醉後各分散 (취후각분산) 취한 후에는 각자 흩어져 가세.
永結無情遊 (영결무정유) 끝이 없는 정을 나눌 사귐을 맺어
相期邈雲漢 (상기막운한) 또 어느 날 은하에서 다시 만나리.

재자가인이 만날 때도 술은 월하빙인이요, 의협 묵객의 만남에도 호연지기의 술이 있어야 한다. 현대 수필가 구활님의 글에도 술을 찬하는 글이 있는데 선생님 자신도 주객이기도 하다. 그분이 쓰신 글 중에 계곡에 흐르는 물을 미주로 삼고 솔향기를 안주삼아 음풍농월하는 주선의 이야기가 있는데, 청탁을 막론하고 진세와 선계를 오가기에는 술에 비길 만한 것이 드물다.

그러나 밝음이 있으면 어두움이 있고 기쁨이 있으면 슬픔도 따르는 법. 주선이 있다면 주광이 어찌 없겠는가? 술을 잘못 마셔 일신을 버린 자와 집안을 망친 자도 수를 헤아리기 어렵다. 오히려 주선이나 주성의 멋스러움보다 술의 적폐와 해로움이 더욱 심할 것이다. 술로 인해 건강을 잃은 사람들은 또 얼마나 많은가? 내가 아는 주객

들도 천수를 다하지 못한 사람들이 적지 않다.

그러니 술도 담배 못지않은 해로움이 있는데 지탄 받기로는 담배가 술보다 훨씬 더하다.

술은 사용하기에 따라서 유익성이 있으나 담배는 그 성분부터가 사용량의 과다에 상관없이 몸을 해치기 때문이다. 더군다나 간접흡연의 폐해도 있으니 더욱 그럴 것이다. 하지만 담배의 해로움은 대부분 피우는 당사자에 그치며 술처럼 패가망신의 경우에까지 이르지는 아니한다. 그러니 해로움의 정도로 보면 술보다 과하다고 말하기도 어렵다. 단지 현대에 들어와서 개인의 행복추구와 사회적비용등의 가치문제가 대두되니 담배의 해악이 크게 부각되는 것 같다.

담배는 술에 비해 개인적 성향이 강한 기호품이어서 현대 인권사회가 도래하기 이전의 전 근대적 사회체제하 에선 크게 문제 될 것이 없었다. 물론 과학적 지식의 미비로 그 해로움이 잘 알려지지 않은 탓도 있지만, 설혹 알려져 있다 하더라도 인권 존중 사상이 발달되지 않은 시대에는 사회적 갈등이 없었다. 오히려 그러한 시기에 담배는 한가한 시간의 심심초, 괴로운 심사를 달래는 번뇌초 구실을 했다. 애초에 담배의 시작이 북아메리카 마야 인들의 제사 의례에 쓰이는 약초 이었다하니 하늘과 소통하여 시름을 달래기에는 좋은 친구가 된다하겠다. 거기에 더해 건장한 사내가 담배 피우는 모습은 멋이 있다. 그래서 옛날 서부영화나 로맨스 영화의 주인공들이 담배를 비스듬히 꼬나문 모습이 젊은이들에게 유행이 된 시대도 있었다.

그러나 동양에 전래된 역사가 짧아서인지 술에 비하면 담배를 소재로 하여 쓰인 글과 그림이 많지 않아, 예술적 대상으로는 소홀한 감이 없지 않다. 술은 예로부터 시인 묵객의 사랑을 받아와 무수히 많은 글들이 남아 있으나 담배 예찬한 문장가는 임어당과 오상순을 제외하고 별달리 기억나는 사람이 없다. 과문한 나의 지식의 한에서임을 고백한다. 더군다나 금연을 강제한 이 시대에는 더욱 그렇다.

술과 담배는 같은 기호품이기는 하지만 그 성향이 온전히 다르다. 술은 물이면서 외향적이다. 도도히 흘러 정열을 깨우고, 호연지기를 일으킨다. 소심한 자아를 부추겨 대범한 장부로 만든다. 혼자서 마시기는 외롭고 둘이 마시면 친구가 되며 셋이 마시면 형제가 된다. 그리고는 마침내 하늘과 땅이 하나가 되어 몰아의 상태로 되는 것이다.

담배는 술과 달리 지극히 개인적이다. 타오르는 불이면서도 내향적이다. 자신을 태워 바람이 되고자 한다. 괴로움과 허전함을 연기로 태워 잊는다. 스스로의 세계로 들어가기에, 둘이 피우든 셋이 피우든 각자 고독하다. 연기를 피워 허공에 뿜을 때 오직 나 하나 뿐 천상천하 유아독존이 되는 것이다. 그렇게 보면 담배는 불교적 세계요, 술은 도교적 세계관인 것 같기도 하다.

술은 개인의 내면을 확장시키는 경향이 강하나 담배는 오히려 축소 지향적이다. 그래서 술에 관한 시는 현실 도피적이면서 우주론

적 자연관이 있으나, 담배는 현실 응시이면서 인간 중심적 이다. 신동엽의 시에 「담배연기처럼」 이란 시가 있다.

> 들길에 떠가는 담배연기처럼 내 그리움은 흩어져 갔네. 사랑하고 싶은 사람들은 많이 있었지만 멀리 놓고 나는 바라보기만 했었네. 들길에 떠가는 담배연기처럼 내 그리움은 흩어져 갔네. 위해주고 싶은 사람들은 많이 있었지만 어쩐 일인지 멀리 놓고 생각만 하다 말았네. (이하 생략)

사는 일은 복잡하고 고단하다. 이백의 고독은 달과 그림자를 벗으로 삼고, 신동엽은 들길에 떠가는 담배연기처럼 사랑을 보낸다. 안타깝고 슬프다. 세상살이 힘들 때 위로 받을 한가지의 낙이라도 있어야 이백처럼 허세라도 부릴 수 있다. 떠나가는 사랑과 버림받은 세상에 애통해 질 때, 한 잔의 술과 한모금의 담배연기. 그들의 위로에 기대서라도 망각해야 하지 않겠는가?

아침 신문을 보니 담배 값을 올린다고 난리다. 올려도 너무 올린다. 아예 금연 단계까지 올리겠다는 이야기다. 그에 더해 주세도 올려서 술 소비량도 줄이겠다고 한다. 국민 건강을 위해서라고 하니 뭐 특별히 할 말도 없다. 그래도 섭섭하다. 술과 담배는 어찌 할 수 없는 현실을 체념하고 달래면서 슬픔과 기쁨을 같이 해 왔다. 인간은 기계적 현실을 사는 휴머노이드가 아니다. 현실과 비현실 사이에 있으며, 존재자이면서 비존재자이다.

그러므로 사람이다. 양이 있으면 어둠이 있듯이 우리 스스로가 완전하지 않다는 점을 이해 해 주었으면 좋겠다. 그리고 서로 어울려 사는 것이다. 된장찌개 같이 끓여 가면서, 호호! 반주 한잔 주면 더 좋고.

낭만에 대하여

인스턴트의 세상이다.

차 한 잔을 마시기 위해 여러 가지 도구를 갖출 필요는 없다. 커피는 믹스로 녹차는 티백으로 처리하면 간단히 차 한 잔 할 수 있다. 다양한 형태의 커피를 즐기려면 스타벅스와 같은 전문점을 이용하면 편리하다. 자판기도 있는데 식당이나 사무실 등에 비치된 종이컵 커피도 마실만하다. 어떤 사람들은 고급 원두커피보다 자판기 커피가 더 좋다고 말하는 경우도 있다. 베토벤이나 라흐마니코프보다 트로트가 더 가슴을 울린다고 주장해도 틀린 말은 아니기 때문이다. 각자의 취향이다.

아는 만큼 보이고 그 아는 만큼이 세계이니 높고 낮음을 따지지 말자. 구차해 진다. 나는 커피 전문점에 가서도 아메리카노를 주문

한다. 믹스커피처럼 설탕과 프림을 섞으면 달착지근한 맛이 다방커피 같기 때문이다. 그건 커피를 마시는 게 아니고 설탕을 먹는 거라고 놀리는 사람도 있지만 나의 무식을 지키고 싶다. 이 세상사는 것이 너무 팍팍해서 조금쯤은 빈틈하나 두고 싶다.

내가 처음 커피를 마셔 본 곳은 서면의 어느 음악다방이었다. 갓 스물의 나는 혼란스러운 음악과 몽롱한 담배연기에 잠긴 모습이 신기했다. 그곳에서 나보다 서 너 살 많았지만 세상 물정에 밝은 인생 선배가 커피 한잔을 사주었다.

처음 한 모금 마셨을 때 내 오감은 감동했다. 쓰면서 달콤했다. 그러면서 진하고 무거웠다.

이런 오묘한 맛은 생전 처음 이었다. 아라비아 여인의 배꼽춤 같은 유혹이 느껴졌다. 나중에 아프리카 에티오피아가 커피의 원산지라는 이야기를 들었지만 확실한 근거는 없다. 누가 알 수 있을까? 커피나무가 어디서 자라서 누가 그 열매를 맨 처음 맛보았는지를. 그러나 커피나무의 열매는 상류계층의 사람들이 먼저 맛보지는 않았을 것이다. 그들의 권력은 감미롭고 부드러운 음식에 길들여진 반면, 쓴맛은 하층민의 혀에 익숙했을 것이다. 먹을 것이 부족한 천민들이 산과 들을 돌아다니며 채취한 식물들 중 에 우연히 먹어본 열매가 커피 아니었을까? 날것 그대로의 풀들은 비리고 쓰다.

커피나 차와 같은 기호품은 사람을 위로하는 성질이 있다. 녹차는 담담한 향취로, 커피의 카페인은 가벼운 흥분으로 분노와 고통을 희석시킨다. 심한 노동을 하거나 인간관계에서 상처를 입었을 때, 커피 한 잔은 괴로움을 달래는 도피처가 된다.

다방은 이러한 위로를 파는 장소이다. 현대식 커피 전문점이 아닌 옛날식 다방은 더욱 그렇다. 그곳에서는 익명이 어울린다. 종업원은 미스 리와 미스 김. 중년의 남자들은 박 사장, 김 사장으로 불린다. 그들의 지나온 날을 묻는 일은 어리석다. 박 사장으로 자신을 소개 했을 때 그는 현재 진행형이다, 그가 돌쇠로 불리었든 김 진사로 살았든, 다방에서 불리는 박 사장과는 아무런 관계가 없다. 그의 현재는 기다릴 수 없는 것들을 기다리는 것이다.

기다리는 것은 어떤 기회이다. 어쩌다 찾아오는 호구를 허위와 모략으로 손질한 다음, 다방을 떠나는 희망이다. 그러나 그의 음모는 번번이 실패한다. 그의 계략은 물주를 붙잡기엔 너무 엉성하다.

여자들은 미스 리나 미스 박 이라는 호칭을 쓰는데 무슨 뚜렷한 근거가 있는 것이 아니다. 그들의 성이 박 이나 이 씨이고, 미스이기 때문이어서 아니다. 그저 부르기 쉽고 익명성의 뒤에 숨기가 편해서이다. 숨는다는 일은 아무렇지 않게 이루어져야 한다. 평범하고 항상 그래서 아무도 주의 깊게 바라보지 않아야한다. 누군가가 쓸데없는 호기심으로 익명성의 화장을 지웠을 때 그들의 민낯은 부끄러울 수 있다. 보지 말아야 할 것은 안 보는 게 좋다.

그저 쉽게 부르고 쉽게 대답하면 된다. 차 한 잔 따라 주고, 차 한 잔 마시는 일은 순하게 세월을 보내고자 함이다. 분노와 슬픔이 있다 하더라도 곱게 흘려보내야 한다. 분노와 슬픔은 아픔의 동의어다. 분노는 아픔이 드러나는 것이고 슬픔은 아픔이 내는 소리다. 그것들은 생명을 소진 하는 일이다. 불과 물의 형상이 목숨인데 분노와 슬픔으로 자신을 태우는 것은 어리석다. 그러니 그저 침묵해야 한다. 차를 마심은 목구멍이 아닌 숨구멍을 편하게 하는 일이다. 거친 숨을 고르기에 차는 그럴듯한 물건이다.

다방 마담들은 무심한 숨쉬기에 익숙하다. 최 백호의 노래 가사처럼, 항구까지 밀려온 마담이 권하는 차 한 잔은 더욱 그러하다. 마담의 립스틱은 그런 숨쉬기를 유혹한다. 슬픔도 분노도 실없는 줄 알기 때문에 농담 같은 색을 칠한다. 나이든 마담이 빨갛게 칠한 유혹은 왠지 어색하다. 그래서 마담과 주고받는 말들은 허망해진다. 그 허망함이 숨을 쉬게 만든다.

이 세상에 떠돌아다니는 말들은 많고 그 말들은 서로 적대적이다. 간섭하고 자극한다. 그래서 아프다. 참견도 다투기도 싫고 아픔도 싫어질 때 늙은 마담이 따라주는 차 한 잔을 마시라.

이중섭의 황소

이중섭이 왔다. 서울에서 열리던 한국 근 현대 회화 100선 전이 부산에서도 열린다고 한다.

시립 미술관에서다. 그 전람회에 이 중섭의 그림이 들어 있다는 것이다. 이런 이야기를 꺼내니, 이중섭과 내가 무슨 특별한 관계가 있거나 그림에 대해 조예가 있는 것처럼 오해 받을 듯하다. 사실은 그렇지 않고 그의 유명세에 의한 선입견과, 그림책에서 본 황소의 불온한 눈빛이 마음에 걸려 있었기 때문이다. 소는 온순한 동물이다. 살아서는 노동을, 죽어서는 고기와 가죽을 남기는 보살과 같은 축생이다. 조선시대 민화에 소를 타고 가는 어린 목동의 평화로운 풍경이나, 사찰의 벽에 그려진 부처를 찾아가는 십우도를 보더라도 위협적인 소의 모습은 얼른 상상이 되지 않는다. 그런데 이중섭이

분노하는 소를 그렸다. 이런 주관적 이미지는 반 고흐나 뭉크의 절규와 같이 대상을 파괴하는 이상심리에서 나타나는데, 강한 감정적 요동이 없으면 표현하기가 어렵다. 소 그림을 처음 본 순간의 느낌도 화가의 심적 요동침에 대한 불편함이었다. 그리고 이중섭의 저 불온함이 어디에서부터 왔는지 생각했다. 그는 평양 지주 집안의 아들로 태어나 자랐다. 농사짓는 집안에 소는 집안을 지키는 신물이었다. 그리고 들판의 주인이며 가장 고독을 즐기는 자였다. 그의 뿔은 왕관이었고, 울음은 평화로웠다. 정지용은 황소의 울음소리를 금빛 이라고 읊었는데, 금빛은 부처님의 광배이며 자비의 빛이다.

실제 가을 들판의 따뜻한 오후에 버드나무 아래서 꾸벅대는 소의 울음소리는 불국토의 평화로운 소리로도 들렸다. 그러나 어려서 아버지를 잃고 8살 어린나이에 외가로 나와 가족과 떨어져 살았던 이중섭 에게는 고향 들판의 부드러운 소 울음이 자상한 아버지의 음성으로 들리지는 않았을까? 얹혀살던 외갓집에서 가지던 소외와 콤플렉스를 지우고, 자존을 세워주는 아버지의 존재에 대한 그리움. 그렇다면 소는 이중섭에게 잃어버린 아버지의 이미지로서 각인되어 있었을 것이다. 그의 작품 중 「소를 든 남자」를 보면 친근한 부자지간의 장난기가 다분하다. 「길떠나는 가족」에서는 가족을 실은 달구지를 끌고 가는 소와 아버지의 모습에서, 가족과 함께 하지 못하고 일찍 세상을 떠난 아버지에 대한 그리움과 한이 이중섭 본인의 모습으로 대치되어 그려졌다. 해방과 6.25 동란으로 인해 이 중섭에게 찾아온 가난은 마음의 상으로 각인되어 있던 황소를 일으켜 세웠다. 지켜야할 가족마저 놓아 주어야 하는 극도의 빈곤 속에서 아무것도 할 수 없는 자의 분노는 절규처럼 쏟아졌다. 이중섭의 황소는 이러한 시기에 그려진 작품이다.

그를 만나기 위해 5월의 따듯한 날 오후 시립 미술관으로 찾아갔다. 미술관은 해운대 바닷가 근처에 있었다. 주위 건축물과 거리가 외국처럼 낯설었다. 그만큼 이국적이었다. 그러면서 언젠가 보았던 프랑스 영화의 한 장면이 생각났다. 알랭들롱이었던가 아니면 쟝가방이었던가 ? 우수에 젖은 얼굴로 코트 깃을 세우고 거리를 걷던 장면이 기억나는데, 그와 비슷한 느낌이 든다. 세련된 도시 라인은 가난했던 화가의 일생과는 겉돌아서, 그 불균형이 묘한 긴장감을 주었다. 사람과 풍경 간의 간격이 저만큼 떨어져 서로 어색해지는데, 그사이로 새로 찍은 지폐의 잉크 냄새가 떠돌았다.

한국 근 현대회화백선전은 미술관 3층 전시실에서 열리고 있었다. 수직과 평행, 직각의 선들이 만든 벽체 안에 그림이 전시되어 있었다. 하얗고 높은 벽과 매끄러운 바닥재의 차가움 으로 인해 신전에 들어선 듯 경건함 마저 들었다. 그리고 올림포스 신들의 이름처럼 우리 시대의 화가들이 그곳에 있었다.

따듯하고 화려하지만 소박한 꿈의 천경자. 한국적 생명력의 산수화 허건. 그리고 박수근의 우울함. 거칠거칠한 갈색 톤에 암각화처럼 단순한 선 몇 개. 나는 박 수근의 추상이 가난에 대한 체념으로 읽혀졌다. 그 시대는 결핍의 시대였다. 박 수근을 보면 슬퍼진다. 그 결핍에 대한 순응이 측은했다. 힘없는 지식인의 사는 방식이었던가?

박 수근의 옆에 이중섭이 있었다. 소를 보았다. 황소였다. 소는 날카롭게 나를 바라보았다. 선명한 붉은 노을을 뒤로하고 강하지만 슬픈 황소가 노려보고 있었다. 분노였다. 소는 금빛 힘줄과 뼈를 고추 세우고 선홍의 입술을 열며 울부짖었다. 아버지를 잃고 또 아버지로서의 자신을 잃어버린 이 중섭의 불안이 폭력적 위협으로 그려졌다. 폭발하듯 거친 붓 터치는 그러한 저항을 격렬하게 그려내고 있었다. 그의 정신과 육체를 해체하고 있는 시대와 가난에 대하여 이 중섭은 분노하고, 빠져 나올 수 없는 억조임에 서글프게 울었다. 그것이 황소였다. 나는 아무 말도 생각나지 않았다. 이것은 그림이 아니다. 이 중섭이었다.

그를 두고 나오면서 아무것도 가질 수 없었던 한 인간의 억울함에 가슴이 미어지는 슬픔이 밀려 왔다. 왜 그래야했는가? 왜 그렇게 살아야 했는가? 잘못은 누구에게 있는가?

화산 짐꾼

화산은 중국 산시성 화인 시에 소재하고 있는 명산이다. 수당의 도읍지였던 시안에서 멀지 않다. 5악 중의 하나인 서악이며 도교의 진원지이다. 산에서 내려 보면 멀리 황허가 보이고 관중 평원이 펼쳐져 있다. 천하의 대세는 이곳에서 시작되었으며 시황의 패업도 여기에서 이루었다. 다섯 개의 바위 봉우리가 허공에 꽃을 뿌리니 이름 짓기를 화산이라 하였다.

화산에는 도관이 많다. 전진교의 제자 가득생이 세운 옥천원도 그중의 하나이다. 신선과 도인의 흔적은 화산 곳곳에 널려 있다. 황제와 노자가 도를 세우고 장도릉이 그 뒤를 이었으니 도교 가르침의 시작은 하늘이다. 하늘과 같이 살고 하늘과 같이 행하여 사람 밖의 사람이 되고자 함이라.

화산을 오르는 길은 수직의 암벽이다. 1만개의 돌계단이 정상까지 설치되어 있다. 청나라 시대부터 만들었다고 하니 인간의 집요함에 놀랄 뿐이다. 그 계단이 없으면 유람객은 올라갈 수도 없다. 화강암으로된 암릉은 용이 꿈틀거리듯 치솟아 2,160미터에 이른다. 그 길을 걸어 짐꾼들이 일상용품과 건설 자재들을 지고 나른다. 장대에 보퉁이를 달아 어깨에 메거나, 질통을 지고 60키로에 이르는 무게를 견디면서 계단을 올라간다. EBS 극한직업에 소개된 이야기다.

산을 오른다는 것은 쉬운 일이 아니다. 맨몸으로도 경사가 급한 산을 타려면 상당한 고생을 해야 한다. 더구나 화산과 같이 직벽의 바위 길은 보기만 해도 기가 꺽인다. 그런 험난한 길을 나이든 사람들이 무거운 짐을 지고 몇 시간을 걸어 배달한다는 사실이 보면서도 믿기지 않는다. 소림사 스님처럼 오랜 기간 수련한 무승들도 아니고, 우리 주위에 늘 같이 생활하는 평범한 사람들이다. 그들이 바위를 깍아 계단을 만들고, 산 위의 도관과 식당에 먹고 입는 것을 나른다. 60키로의 무게면 쌀 한 가마에서 한 말 정도 빠진다. 보통 사람들은 그 짐을 짊어지고 일어서기도 힘겹다. 땅은 사람을 자기 쪽으로 끌어당긴다. 땅의 기운이 몸을 돌아 다시 내려가는데 그것을 박차고 무릎을 세우려면 시퍼런 핏줄이 기둥처럼 서야한다. 그 기둥이 땅을 반듯하게 눕힌다. 숨은 무게에 눌려 단전 깊숙한 곳에서 나오지 못하고 횡격막에 걸린다. 바람을 다스려 들이 쉬고 내어 쉬며 흐트러지지 않도록 한다. 그래도 한 걸음 걸을 때마다, 가빠지고 또 한걸음 내딛으면 눈에 안개가 서린다. 비가 오지 않는데도 서리 같은 김이 온 몸에 내려 추운지 더운지도 잘 모르겠다. 지팡이를 짚어 땅의 기운을 억누르고 장대를 바로 메어 하늘과 땅의 균형을 잡는다. 한 계단 넘어서면 또 한 계단이 아득하다. 그래서 몽롱해진다. 모든 보이는 것, 듣는 것들이 다 헛것이 된다. 걷고 있는 자신도 헛것이다.

허티엔씨는 한 팔이 없는 장애자다. 탄광에서 일하다 왼쪽 팔을 잃었다. 보상금으로 4,200 위안을 받았으나 그마저도 반은 털렸다. 아이 둘이 있는데 아내도 일찍 사별하여 혼자 키운다. 동정을 구하지 않는 것은 구차해지기 싫어서다. 장애인 마라톤 대회에서 우승하겠다는 꿈은 자기 확인을 위함이다. 정말 우승을 원함이 아니다. 화산 짐꾼이 된 것은 그저 살기 위해서다. 다른 이유가 없다. 짐 값은 1kg에 0.8위안을 받는데 60kg면 50위안 이니 괜찮은 벌이라고 한다. 내려올 때 쓰레기를 가져오면 더 받으니 하루에 100위안도 더 벌 수 있다. 그가 화산 짐꾼이 된지도 12년이 넘었다.

뚜이 씨는 경력 28년의 베테랑 짐꾼이다. 집은 화산 근처에 있다. 집에서 10분 거리에 배달 물품을 가져갈 식료품점이 있다. 아내는 공장에 나가고 어머니를 모시고 사는데 노모는 아들이 다칠까 걱정이다. 그는 생활비를 더 벌기 위해 하루에 두 번씩 산에 오르는 날이 많은데, 그런 날은 경력 많은 그도 다리가 떨린다. 산을 내려와서도 곡식을 말리고 요리를 하는 집안일을 해야 한다. 아내의 퇴근이 뚜이 씨보다 늦다. 그는 1년 중 360일을 산에 오른다.

지옌은 경력 7년의 여자 짐꾼이다. 남자들과 같이 건설자재를 나른다. 하루에 대여섯 번씩 근처 공사장에 오르내리는데, 여자라고 특별히 보아 주는 것은 없는 듯하다.

화산의 북봉에는 김용의 사조영웅전에 나오는 화산 논검의 장소가 있다. 동사, 서독, 남제, 북개와 왕중양이 무를 논한 장소이다. 이들은 모두 자신을 극한으로 끌어 올린 사람들이다. 굳이 비교할 필요가 없는데 비무를 했다니 김용의 과한 설레발이다. 뚜이와 허티엔과 지옌은 그 길을 아무 생각 없이 지나다닌다.

화산의 남봉에는 남천 문이 있다. 도교 최고의 신인 옥황상제가 사는 천궁으로 들어가는 문 이다. 화산 짐꾼들은 창용을 타고 그곳을 지나다닌다. 산위에 올라가면 산 아래의 일들이 우습다. 얻고자 함이 적으면 번뇌도 적다. 신선이 되는 길은 무욕의 삶을 실천하는 것이다. 화산 짐꾼들의 무욕은 신선이 되기에 충분하다. 아마 그들은 마지막에 신선이 안되면 도사라도 될 것 같다. 내가 보기에 그들의 수행을 덮을 진인들은 없다. 심지어 중양진인 조차도!

명인

일본 작가 가와바타 야스나리의 소설 중에 명인이라는 작품이 있다. 21세 혼인보 슈사이와 기타니 미노루 7단의 인퇴기를 사실적으로 기록한 작품이다. 특별한 사건은 없다. 단지 세습제 최후의 명인이 새로운 세대의 도전을 받아 물러가는 이야기다. 번역은 민 병산 선생이 하였다. 나는 가와바타 선생의 빈틈없이 정교한 짜임새와 담담하게 급소를 찌르는 문장도 좋았지만, 신 경림 선생의 작품 해설 중 한 장면이 감명 깊었다. 이 작품을 번역한 민 병산 선생에 대한 이야기였다. 소설을 거의 번역하지 않는 민 병산 선생이 가와바타 선생의 작품을 번역하였다는 이야기를 들은 신 경림 시인이, 설국을 읽은 지식을 바탕으로 그의 소설이 별로 재미가 없더라는 뜻의 말을 했었다. 원래 무슨 말이든 금방 반응을 보이지 않는 민 선생이 한참 다른 얘기를 하다가 말했다. "재미있다면 재미있고, 재미없다면 재미없겠지요." 시인은 민 선생의 말을 정확히 깨닫지 못했지만 그의 말투가 선문답 같은 데가 많았기 때문에 무심히 넘어갔다고 한다. 시인과 민 선생은 그 당시 갈 곳 없는 지식인 들이 자주 모이는 한국기원 에 자주 출입했다. 하루는 저녁을 먹기로 약속한 문인 몇 명이 바둑이 끝나면 같이 가기로 하였는데 그 중 시인 한 분의 대국이 늦어져 기원이 문 닫을 시간이 넘어서야 밥집으로 갔다.

그 자리에서 신 경림 시인이 그까짓 바둑 재미로 적당히 두면 되지 죽기 살기로 둘 것이 무엇이냐고 시인 한 분에게 핀잔을 주었다. 아무도 귀담아 듣는 것 같지 않았는데 몇 마디 다른 얘기가 오간 끝에 민 선생이 말했다.

"바둑이란 게 참 이상하거든, 두는 사람은 말할 것도 없지만 보는 사람도 아무것도 아니라고 생각하면서 보면 아무것도 아닌데, 무언가 있다고 생각하면서 보면 무언가 있어 보이거든." 그가 무슨 얘기를 하려고 하는지 해서 모두들 잠자코 있자 그가 말을 이었다.

"가와바타 야스나리의 소설도 어쩌면 바둑 같은 것인지도 모르지. 거기 무엇이 있다고 생각하면 재미있게 읽을 수 있고, 아무 쓰잘데기 없는 것을 가지고 공연스레 기를 쓰고 있다고 생각하면 그렇게 재미없는 소설이 있을 수 없고 ..... 하긴 산다는 것 자체가 그런 거니까! 아니라고 생각하면서 보면 아무것도 아닌데 무언가 있다고 생각하면서 보면 무언가 있어 보이거든."

여기 까지다. 명인을 읽던 당시 나는 민 선생의 말을 이해하지 못하였고 오랜 시간이 지나 20년이 넘었다. 지금 다시 민 선생 말을 새삼 꺼내는 것은 세상 이치에 관한 묘한 깨달음이 민 선생의 그 말씀 속에 있다는 생각이 들었기 때문이다. 우리가 이 세상에 대해 가지고 있는 기대와 절실함이 허상 일수 도 있고 아닐 수도 있는 막연함이라는 것. 그 막연함이 바로 우리가 살고 있는 세계가 아닌가? 라고 말한 것처럼 들렸다. 그래서 그 막연한 세계를 기를 써서 구체화 시키는 일이 산다는 자체가 아니겠느냐? 하는 그런 뜻으로 나는 받아들였다. 또 그것이 명인을 번역한 민 선생의 진의가 아닌가 한다.

소설에서도 속기로 두면 10분 정도에 다 둘 수 있는 바둑을, 반년에 걸쳐서 두어 나가는 명인의 모습을 한 호흡, 한 호흡 그려내어, 혼을 심어 돌 하나를 두어 나간다는 게 어떤 의미인지, 한동안 생각하게 만들었다.

명인이 되기 위해서는 수 없이 많은 고난을 거쳐야 한다. 바둑의 세계만이 아니라 직업의 세계는 모두 그렇다. 적어도 남의 돈을 받아 생활하는 정도에 이르려면 어설프게 배워서는 안 된다. 세상은 민 선생의 말처럼 아무것도 아닌 일로 보면 아무것도 아니지만 그런 태도로는 의존적인 생활을 할 수 밖에 없다. 나 역시 모호한 태도로 살아 온 적이 있기에 남에게 피해를 준적이 많았다고 생각된다. 그 분 들에게 미안한 마음이 항상 부담으로 남아있다. 인생이란 것은 민 선생의 말처럼 이럴 수도 있고 저럴 수도 있는 참 막연한 것이긴 하다. 그러나 막연한 삶을 가치 있는 의미로 만드는 것이 인생이기도 하다. 그 힘든 과정은 누구에게나 같으며, 견뎌내는 사람들 모두가 명인이라 불리어도 이상할 것이 없는 사람들이다. 우리 주변에도 자신의 길을 묵묵히 걸어가는 사람들이 많다. 그들이 있어 우리 사회의 생명력이 유지되는 것이다. 생활의 달인이라는 TV 프로에 보면 머리에 음식을 담은 쟁반을 대 여섯 개씩 얹어서 배달하는 아주머니도 있고, 맹물로 칼국수를 만드는데 그 맛이 기가 막힌 달인도 있다. 모두 혼신의 힘을 다해 사는 사람들이다. 개그맨 김 병만의 달인이라는 개그코너도 이러한 삶의 모습을 희극으로 꾸며 공감을 얻었다. 그 자신도 젊어서 고생을 많이 한 사람으로써 나중에 정글의 법칙이라는 생존 예능으로 성공을 거두었다고 한다.

물론 열심히 산다고 해서 모두 다 성공을 보장 받지는 못하지만 그 자체로서도 의미 있는 삶이 아닌가? 만일 실패하였다고 하더라도 그것이 할 수 있는 최선이었다면 명인이라고 불려도 시비할 사람은 없을 것이다. 참고로 슈사이 명인도 인퇴기에서 기타니 미노루 7단에게 5집 차이로 패하였다.

스마트 폰

현실이 갈증하면 꿈이 된다. 꿈이 막막해지면 현실이 된다. 장자의 나비가, 꿈인지 현실인지 하는 질문은 더 이상 유효하지 않다. 꿈과 현실은 같은 세계에 있다.

인간은 가상을 추구하는 존재이다. 보이는 세상에서 보이지 않는 세계를 지향한다. 그래서 스스로 사이버 공간을 만들어 냈다. 전화기도 그런 방향성의 산물이다. 말을 전자 신호로 바꿔서 공간을 압축한다. 뜻의 전달이 빠르다. 그 편의성이 개인적 공간으로 침투한 발명품이 휴대폰이다. 요즘은 스마트 폰으로 진화되어 인터넷 까지 사용 가능한 환경으로 만들었다. 하나의 세계를 완성한 것이다.

현실과 이미지, 현상과 가상의 경계가 파괴되었다. 현실에선 바깥을 보기 위해 창을 연다. 스마트 폰에서도 화면의 창을 손가락으로 밀어 사이버를 연다. 앱이라 불리는 응용 프로그램들이 진열되어 있다. 앱이란 사이버공간의 사회적 기능들이다. 칼과 전쟁, 스포츠와 교육……. 각종 인간계가 가상공간에 나타난다. 이제 개인은 세계와 직접 접촉한다. 손가락만 움직이면 된다. 사이버 상에서는 선택이 자유롭다. 영웅이 되든지 소시민이 되든지 간섭하지 않는다. 자신이 원하는 데로 옮겨 다니면 된다. 그러다 그 공간에서 나오고 싶으면 창을 닫으라. 스마트 폰에서 그대는 철저한 자유다.

현실에서 개인의 선택은 제한된다. 스티브 잡스는 하나이고 슈퍼맨은 존재하지 않는다. 막막한 한계를 인정할 때쯤 권태가 찾아온다. 사회와 개인은 서로 친절한 관계가 아니다. 위로 받지 못하는 개인은 소외된다. 전철을 타보라. 손에 휴대폰을 들고 무언가를 열심히 들여다보는 사람들이 보일 것이다. 그들은 가상공간이 권태를 다루는 데 더 유용하다는 사실을 잘 안다. 그 곳에서도 말이 오고간다. 진실일 필요는 없다. 환상에서 참과 거짓을 가리는 일은 무의미하다. 그들은 단지 소비할 뿐이다. 무료하지 않도록 자극하고 반응한다.

더 이상 꿈꾸지 않는 개인은 자신을 변화시키려 하지 않는다. 그 대신 아바타를 만든다. 생성과 소멸이 자유롭다. 관심에 따라 선택하고 무관심에 따라 지우면 된다. 가상이므로 진지한 감정에 갈등할 필요가 없다.

사이버 세상은 꿈과 현실의 경계를 무너뜨렸다. 그러면서 스마트 폰은 개인에게 권력을 쥐어 주었다. 세계와 직접 접촉 할 수 있는 힘. 세계를 해석 할 수 있는 권능. 키보드로 명령하고 문자로 소통한다. 이야기를 나누기 위해 술 한 병을 사들고 밤길을 걸을 일이 없다. 백열등이 켜진 전봇대 옆에서 사랑하는 사람을 기다릴 필요가 없다. 휴대폰을 열면 된다. 대화 방에 들어가 그들에게 신호를 보낸다. 어디 있느냐고 물으면 밤거리 사진 하나쯤 보내 올 수도 있다. 그들과 나는 같은 공간에 있다는 착각마저 든다. 그러나 서로 주고받는 것은 전자 신호로 된 폐쇄 공간에서 주고받는 메시지다. 대화는 양방향인 것 같지만 사실은 일 방향성이다. 나도 보내고 너 역시 보낸다. 현실적 느낌의 모사이므로 치열성이 약하다. 각자 자신의 세계에 고립되어, 끊기고 이어지는 이미지만 그렸다가 삭제한다. 문득, 스마트 폰을 닫아보라. 세계와 떨어져 나온듯한 허무, 철저한 고립이 검은 화면 위에 있을 것이다. 다시 창을 연다. 암호입력. 네 글자가 나타난다.

우리는 각자 비밀을 가지고 있다. 휴대폰의 중요한 기능이 개인 비밀이다. 분명한 벽이 있다. 개인적 공간이 확대되면서, 사람들은 저마다의 벽 안에 있다. 각자 혼자이다. 스마트 폰의 정보는 믿을 수 있지만, 사람의 말은 믿을 수 없다. 검색 창에 띄워 확인되기 전에는 말은 불안한 믿음이다. 인간의 말에서 만들어진 매트릭스가 말을 부정한다. 비주얼과 이미지가 그 자리를 대체한다. 이제 언어는 더 이상 세계의 주인이 아니다.

휴대폰이 생기고 편지 쓸 일이 없다. 흰 편지지와 가슴 설레는 말들은 전화로 대체 되었다. 생각과 전달이 즉시적이다. 기다림이 사라졌다. 기다림은 비어 있는 공간이다. 그 비어 있음이 바로 꿈이다. 스마트 폰은 개인의 빈 공간과 시간을 간섭하기 시작했다. 꿈에 이미지를 강제하면 더 이상 꿈이 아니다. 간섭되는 공간은 막막한 현실이다.

스마트 폰을 사면서 자유를 생각했다. 사람 사이의 갈등. 시간에 대한 권태. 금지에 대한 결핍들에서 나를 구해 주리라 기대했다. 그러나 인간이 만든 가상은 불완전했다. 사람이 만든 세계에 사람이 사라졌다. 인간을 구원하려면 인간을 자유로이 놓아 주어야한다. 사이버에서 인간은 다시 구속되었다. 그래서 장자를 놓아 주어야겠다. 나비는 다시 꿈을 꾸어야 한다.

돼지국밥

내가 사는 부산에는 돼지 국밥 집이 많다. 갈비탕이나 설렁탕이 아닌 말 그대로 국밥 집이다. 탕과 국은 같은 데 말의 격이 다르다. 국밥은 탕보다 서민적으로 들린다. 실제 돼지국밥은 대중 음식이다. 갈비탕이나 설렁탕도 서민 음식이긴 하지만 부산에서는 국밥이 탕보다 대중에게 더 가깝다.

나 역시 돼지국밥을 설렁탕이나 갈비탕보다 자주 먹는 편이다. 배가 출출한 저녁나절, 얼큰한 돼지 국물에 밥 한 그릇 말아 먹으면 속은 넉넉하다. 요즘엔 음식 값도 비싸져서 저렴하게 배부름을 느끼기는 어렵다. 몇 천 원 정도로는 허전한 식사를 할 수 있을 뿐이다. 배부르게 먹을 수 있다고 하더라도 가벼운 식사가 좋다고 하는 시류이기도 하다.

현대의 시간은 기계적으로 돌아간다. 그 시간을 이동하려면 몸은 늘 가벼워야 한다. 변화하고 움직이는 시간을 따라 잡기 위해서는 몸이 가벼워야 한다. 무거운 정착성의태도로는 변해가는 삶의 방식을 적응하기가 어렵다. 또 음식이 몸에 주는 중압. 필요로 하는 칼로리를 넘어 체내에 쌓이는 여분의 살들, 그것들이 몸에 주는 부담. 이들을 피하기 위해서라도 위는 부족하게 채워주어야 한다. 공간 이동 형 삶에서는 에너지가 많이 든다. 들에 나가 밭을 매거나 먼 길을 걸어 물건을 파는 장사를 하거나 어쨌든 몸에 의존한다. 빈약한 식단으로는 에너지를 보충하지 못한다. 그러므로 배를 든든히 채워야 한다. 하지만 시간 이동형인 현대의 삶은 육체적 에너지를 많이 소모하지 않는다. 공간 이동은 지하철이나 차량 등의 기계화로 대신한다. 노동이 기계화되어 있다. 고열량의 음식이 몸에 폐해를 줄 수 있다는 근거가 된다. 그런 이유로 돼지국밥은 현대 말로 하면 웰빙음식으로서 적합하지는 않다.

그러나 음식이 주는 행복감의 첫 번째가 배부름이라 한다면 돼지국밥은 그에 적절한 기쁨을 준다. 사골의 푹 고아진 국물과 기름덩이의 미끈거림이 식도를 건드리면 긴장한 근육이 풀리는 듯 시원하다. 퍼런 부추의 서걱거림, 거기에 매운 고추의 달큼함, 그리고 물에 젖은 육질의 퍽퍽함이 한데 어우러져, 거름 배인 흙의 시큼함과 땀 냄새가 국밥 한 그릇에서 풍겨 나온다. 그래서 정갈한 음식을 좋아하는 사람들은 돼지 국밥을 싫어한다. 나 역시 처음에는 소변기의 짭조름함과 살코기의 퀴퀴함이, 더운 김과 함께 풍겨 나오는 비릿함에 먹기가 힘들었다. 돼지의 잡식성이 고기에서 강한 누린내가 나게 했다. 그에 반해 소고기는 초식성이여서 그런지 끓이면 냄새가 덜하고 육회를 먹어도 신선한 풀의 단맛을 낸다. 초식과 육식성 동물의 차이가 아닌가 한다.

돼지 국밥은 유래를 보면 오래된 음식문화이지는 않다. 6·25 당시 피난민이 부산에 피난 와서 먹을 것이 마땅치 않아 미군부대에서 흘러나온 돼지 뼈를 고아 설렁탕 식으로 끓여 먹었다는 설, 일본의 돼지 뼈 국물을 육수로 사용하는 음식 문화가 전래 되었다는 설 등 몇 가지 있으나 개인적인 생각으로는 주로 많이 퍼진 지역이 부산 경남 등 영남 일원이어서, 1·4후퇴 때 북쪽에서 온 피난민 문화가 아닌가 한다.

음식도 문화적으로 보아 배경이 궁전, 자본가, 혹은 서민 문화로 나누어 볼 수 있는데 돼지국밥은 당연히 대중 음식이라 할 수 있다. 쉽게 구 할 수 있는 음식재료에다 몇 가지 반찬이면 훌륭한 한 끼의 식사가 되니 격식이 필요 없다. 거기에 풋고추에 된장을 찍어 먹고 트림까지 하니 먹는 모양 또한 품위와는 거리가 멀다. 그런데도 중독성이 있다. 국물에서 약간의 암모니아 기가 나는데, 그 냄새가 질리게도 하면서 묘하게 끌어당기는 힘이 있다 홍어회를 먹다가 다른 회를 먹어 보면 밋밋한 느낌이 든다, 홍어가 가진 소변기의 독특한 혀의 쏘임이 미각을 돋우는 역할을 한다는 것이다. 동남아에는 두리안이란 과일이 있는데 그 맛이 보통 독하지 않다고 한다. 그러면서도 과일의 여왕이란 호칭을 듣는다니 취향이 일맥상통한 데가 있지 않는가? 말이 좋아 암모니아지 실은 거름 냄새다. 배설과 관계있다는 이야기다. 호모 사피엔스가 동물의 세계를 벗어나지 못했다는 가장 확실한 증거다. 인간이 걸어 다니고 생각하면서부터 숨기고 싶은 원초적 살 냄새가 음식에 배어 있다는 이야기다.

그래서 삶의 고급함을 추구하는 사람들은 선뜻 돼지국밥에 수저를 얹기가 힘이 든다. 인간은 사람이면서 사람이길 거부한다. 자연이면서 자연이기를 거부한다. 제한된 무엇이면서 그 밖의 다른 관념이기를 원한다. 그래서 의미를 부여한다. 단순히 유기체적 조건반사를 하는 종속 자가 아닌 주체이길 원한다. 삶의 지배자가 가질 수 있는 고상한 향기, 품위 있는 질감, 멋스런 도구, 정제된 격식, 이들은 동물적 현실의 자기 부정이다. 그리고 먹는다는 생물학적 작용을, 삶의 의미를 해석하는 지적 사유로 바꿔 놓는다. 지적 체계에서는 감각이 추상적이다. 음식은 재인식 되어 지고 문화라는 가상현실에 놓이게 된다. 그래서 고급한 음식문화는 관념이 필요한 지각 문화가 된다.

그런데 돼지국밥은 배와 식도의 감각 문화다. 뜨거운 국물에서 모두 뒤섞여져. 시고 달고 짠맛이 모두 제각각 혀끝에서 논다. 서로 다르다.

그 각각의 맛들이 배에서 뒤섞이면서 비로소 돼지 국밥이 된다. 먹고 사는 일이 행복 할 수 있다는 편안함, 그 배부름의 감각, 사는 일의 기분 좋음.

돼지국밥은 맑은 날보다 비 오는 날이 좋고. 밝은 대낮 보다는 어스름한 저녁이 좋다. 비 내림도 추적이는 정도이면 더욱 좋다. 어두워지는 밖을 내다보면서 막걸리 한잔과 함께 하는 국밥 한 숟갈은 현실의 고단하고 무미한 벽을 풀어 삶의 실없음과 만나게 하기도 한다. 별달리 격식을 갖추고 지적 추론을 하지 않아도 세계가 주는 과장과 허위, 아름다움과 추함을 직접 마주치게 한다. 그것이 우리 삶의 진정한 농담이다. 배부른 돼지는 아무것도 하지 않는 것이 아니라 꿈을 꾸는 것이다.

굳이 멋있는 만찬이 없어도 국밥 한 그릇이면 편안한 잠을 잘 수 있다. 그리고 꿈속에서 다시 꿈을 꾸는 것이다.

고래

울산 장생포에 가면 고래 박물관이 있다. 고래의 생태와 역사를 전시하고 돌고래 쇼까지 하는 문화 공간이다. 우리나라도 국력이 커지다 보니 각 지방마다 특색을 살린 공간을 건립해 문화자원화하고 있다. 사람들에게 지방의 역사와 자연환경과 생활 풍습 등을 알려주고 그 뜻을 찾아보도록 하는 일은 인간성 함양에 도움이 되고 관광 수입에도 보탬이 될 것이다.

장생포는 우리나라 근대 포경 산업의 전진기지로서 1986년 상업 포경이 금지 될 때 까지 고래잡이배의 모항이었다. 지금도 고래바다 여행선이 운행하고 있고 고래 고기를 파는 식당들이 성업 중이다. 고래 고기의 맛은 부위별로 12가지 맛을 낸다고 하는데 내가 먹어본 느낌으로는 돼지나 소고기의 기름기와 물고기의 비린내가 어울려진 독특한 식감이었다. 고래라는 육식 동물의 육질이 바다의 소금기와 물에, 절여지고 풀어져서 퍽퍽한 느낌도 주었다. 그런 중성적 식감이 묘한 입맛을 당겼다.

울산에는 반구대 암각화가 있는데 청동기 시대의 고래잡이가 새겨져 있다. 초승달 모양의 통나무배를 타고 여러 사람이 원시적 작살을 사용하여 사냥하는 장면이 사실적으로 그려져 있다. 사람의 생존 환경에 고래가 아주 옛날부터 깊숙이 영향을 주었다는 것을 알 수 있다. 작은 물고기를 잡기에도 빈약한 어구와 배들을 가지고 고래를 잡겠다는 발상도 놀랍거니와 생명의 치열성에 숙연해진다. 거대한 파도와 같은 덩치, 폭풍우 같은 힘을 가진 바다의 괴물을 잡겠다는 용기는 도대체 어디에서 나왔는지 알 수 없다.

동물의 세계는 약육강식이 원칙이다. 인간은 고래를 사냥 할 만큼 힘과 체격이 되지 않는다. 더구나 고래가 사는 곳은 바다이다. 사람 사는 육지와는 수렵 환경이 다르다. 바다에서는 숨을 장소도 없다. 목숨과 목숨이 서로 격돌하는 것이다. 서로의 모든 힘을 다하고 진 자는 이긴 자에게 자신의 몸을 내어준다. 어떤 잔꾀도 통하지 않는다. 정직하게 싸우고 정직하게 죽는다. 이 경우엔 삶과 죽음이 자연의 일부분이 된다. 그리고 죽음은 삶의 이유가 된다. 아마 처음 고래를 사냥하려고 했던 원시의 한 인간은 거대함이 주는 공포와 속이 보이지 않는 바다의 깊음에 절망부터 했을 것이다. 그 두려움과 절망의 벽을 넘어설 때, 비로소 자유와 마주선다는 사실을 알기 까지 고래는 정복되지 않는 고통이었다.

허만 멜빌의 백경에서 에이허브 선장은 이렇게 소리친다.

> 오 이제 내 가장 깊은 슬픔 안에서 나는 나의 가장 큰 위대함을 느낀다. 오오 지난 내 삶 전체에 걸쳐 대적할 수도 없이 세차게 휘몰아치던 파도여! 아득히 머나먼 끝에서부터 이제 휘몰아 쳐라. 그래서 내 죽음의 물기둥 꼭대기까지 치솟아 올라라. 모든 것을 파괴하지만 정복되지 않는 고래여. 그럴지라도 그대를 향해 나는 돌진한다.

생존은 부자유한 것이다. 인간은 삶에 의해서 구속되고 관계는 이유에 의해서 종속된다. 그것이 거대한 벽이 될 때 절망이 찾아오는 것이다. 에이허브는 스스로의 존재 이유를 찾아야 했다. 그리고 백경은 그 이유인 자유였다.

우리 시대의 가객 송창식은 고래를 이렇게 노래했다.

> 술 마시고 노래하고 춤을 춰 봐도 가슴에는 하나 가득 슬픔뿐이

네. 무엇을 할 것인가 둘러보아도 보이는 건 모두가 돌아앉았네.

라고 한탄한다.

그래서 고래 잡으러 가야 된다고, 떠나야 한다고 소리친다. 3등 완행열차 기차를 타고 가자는 것이다. 우리의 도시 생활은 답답하다. 일상이라는 기차에 타고 있다. 차는 어딘가를 향해 한없이 가고 창밖을 보는 자와 차 안을 보는 자 모두 낯설다. 자기만의 벽을 가지고 있기 때문이다. 내릴 곳은 같지만 벽을 두고 우리는 서로의 이방인이다. 그럴 때 바다로 가야한다. 한 마리 예쁜 고래 잡으러.

고래는 처음부터 바다에 살지 않았다. 신생대 어느 시기에 원시의 정글과 공룡이 살던 육지를 떠나 바다로 들어갔다. 폭력과 살육이 들끓던 수풀과 들판이 고래에게는 적응되지 않았나 보다. 육지 생물이 바다에 적응하려면 많은 것을 잃는다. 힘차게 뛰어다니던 두 다리와 세찬 발톱, 날카로운 야수성까지 다 버려야 한다. 그들은 모두 욕망의 도구들이다.

밀림에서 무언가를 얻으려면 민첩해야한다. 어둠 속에서도 누군가의 눈은 지켜보고 있다. 생존의 제1 법칙은 항상 긴장하는 것이다. 주위를 잘 둘러보라. 혹시 먹을 것을 훔치는 자와 약탈자들이 그대를 응시하는지를.

바다에 들어간 고래는 물살을 따른다. 물의 흐름에 몸을 맡기면 바다는 어디로든 고래를 데려간다. 저 차가운 얼음의 바다로부터 뜨거운 태양의 적도에 이르기 까지 그 가 못갈 곳은 없다. 한없는 바다도 거대한 고래가 놀기에는 오히려 작다.

나는 고래를 보고 싶다. 화면에서 보는 고래가 아닌 바다에서 사는 거대한 고래. 수족관의 돌고래도 아니고 선술집 안주로 나오는 밍크도 아닌 진짜 고래. 그중에서도 거대한 대왕고래가 물을 뿜어 올리는 모습을 보고 싶다. 그래서 소문만이 아닌 살아서 움직이는 고래의 그 자유를 들이 마시고 싶다. 에이허브와 이스마엘이 찾았던 흰 고래가 아직도 먼 바다 깊은 곳에 서 유유히 헤엄치는 모습을 상상하면서.

어쩌면 그 꿈은 어설픈 낭만일 수도 있겠다. 욕망은 자유보다도 더 크다. 고래가 어느 주정꾼의 술안주가 될 때부터 바다도 더 이상 자유가 아니다. 금년 여름에 개봉했던 영화에 해적이라는 오락물이 있었다. 손 혜진과 김 남길이라는 미남 미녀가 산과 바다를 휘젓고 다니는 이야기다. 관객이 7백만이나 들었다니 재미를 주는 데에 성공한 모양이다. 그 영화에 거대한 고래가 나온다. 한순간에 꼬리로 배를 쳐서 부수는 모습이 여름의 답답한 풍경에 시원한 카타르시스를 준다. 그러나 그뿐이다. 고래는 인간의 포 몇 방에 간단히 자신의 자유를 제공한다. 그러고 보니 대포보다 큰 고래는 없다.

불이문

월요일, 비가 내리며 그리고 봄이다. 하루 종일 찾아오는 사람은 없었다. 거리는 비로 질척거렸고 봄은 꽃을 피우기 위해 신음했다. 날은 후덥지근했다.

나는 며칠 동안 미열에 시달리고 있었다. 의사 말로는 감기라고 하는데, 왠지 걱정이다. 간 기능도 좋지 않다는데 추가 검진을 해볼까? 검사해보면 여기저기 몸이 아픈 데가 여러 군데일 것이다. 아무렴 그렇겠지. 나이에 장사 없다는데 아픈 부위가 어디 한 두 군데일까? 오랫동안 담배를 피워 왔으니 폐도 불안하다. 병원 가기도 두렵다. 비는 종일 내렸다. 추적추적 거리다가 좍좍 쏟아지기도 하면서 두서없이 비명을 질러댔다. 날씨가 고르지 않다. 봄도 스스로가 불안한가 보다. 개었다 흐렸다 갈피를 잡지 못한다.

오전 11시에 복사기가 고장 났다. 직원이 낡은 기계라서 고쳐봐야 자꾸 탈이 난다고 투덜댔다. 그런 이유도 있지만 복사기를 난폭하게 쓰는 직원 탓도 있다. 잔소리를 퍼부으려다 그만 참았다. 혼내야 할 말이 잘 생각나지 않아서다. 젊은이들은 자기 생각이 뚜렷하다. 나이대접 받겠다는 생각은 이기적 억지다. 사회적 관계도 마찬가지다. 지위나 재산은 소유자의 가치이지, 가지지 못한 자의 가치는 아니다. 마땅한 이유와 결과로 설명해야 한다. 내가 찾아낸 이유가 상대도 받아들일만한 합당한 이유일까 ? 복사기가 고장 나는 수많은 원인 중에서 내가 지적하는 그 이유가 ?

오후 1시에 전화가 걸려왔다. 평소에 불만 많은 고객으로 부터의 전화다. 이런저런 이야기를 꺼낸다. 거래를 그만 두겠다는 뜻으로 들린다. 직감은 맞았다. 미안하다는 한마디로 전화를 끊는다. 대가를 지불하는 자의 권리이다. 섭섭하지만 어쩔 수 없다. 내가 이익과 손해를 헤아려야 하듯이, 상대방도 자신의 잣대를 가지고 결정한다. 서로 줄자의 눈금을 재어가며 상대보다 한 치 혹은 한 뼘 더 가지려고 애써 본다. 그러면서 자신의 눈금이 공평하다고 주장한다. 어느 점이 우리가 가진 이익과 손해의 균형점 일까 ? 안다고 생각하지만 자기 확신일 뿐이다. 사실 이 사회에 분명한 것은 없다. 어제도 교통사고로 몇 사람이 다쳤고, 잘 나가던 회사가 갑자기 부도났다. 깨끗하리라 믿었던 사람이 뇌물을 받았고, 이기리라 예상되던 축구팀은 졌다. 원인과 결과가 명백하게 일치하지 않는다. 문명이 발달할수록 삶의 방식은 복잡해진다. 복잡해질수록 불확실하고, 불확실하므로 불안하다. 그래서 소유로서 불안을 대체하려한다. 재물과 권세를 취하고, 명예를 높이려고 애쓴다. 마치 아프리카의 초식동물처럼 쉬지 않고 풀을 뜯는다. 그들은 맹수가 아니다. 초원의 포식자일 뿐이다. 진정한 야수는 먹을거리를 끊임없이 위에 저장하지 않는다. 배고플 때만 사냥한다. 두려워하지 않고 운명에 오만하다. 비굴하게 길들여지지 않는다.

가끔 맹수인 척하는 사람들이 있다. 내가 아는 동네 식당 주인이 그렇다. 손님이 있든 없든 걱정하는 빛이 없었다. 초연했다. 은근히 부러웠다. 삭막한 세상살이에 유유한 그가 좋았다. 그런데 건물 주인이 바뀐 어느 날, 그의 맨 얼굴을 보았다. 얼마간의 월세 인상에 흥분한 그는 손님마다 붙잡고 하소연했다. "요즘 같은 불경기에 내리지는 못할망정 올린다는 게 말이 되냐고!"

그 말이 맞다. 이 도시에서는 자신을 위해 무언가를 해야 한다. 다투기도 하고 거짓말도 하면서, 불안한 하루를 넘겨야 한다. 사실 문명한 우리 사회에 맹수는 없다. 배고픈 맹수는 허약한 소시민의 꿈이다.

오후 3시. 비는 보슬비로 바뀌었다. 집배원이 재채기를 하며 우편물을 건네주고 갔다. 오랫동안 못 받은 채권을 받기 위해 보냈던 내용증명이다. 발송전에 주소 확인까지 하였는데 수취인 부재다. 의도적으로 피한 것 같다. 며칠 전에도 그와 통화했다. 한 달만 기다려 달라고 했다. 녹음된 기계소리처럼 들렸다. 반복된 말들이 1년이 넘었다. 우리 서로 지키지 못할 약속이라는 사실을 잘 안다. 그는 약속에서 부재중이고 나는 믿음에서 부재중이다.

처음 그가 명함을 건넸을 때 학벌과 지위와 재력에 감탄했다. 그 정도의 인물이 일을 맡긴 수수료마저 주지 않으리라고는 생각하지 않았다. 그런데 설마가 사실이 됐다. 불안한 세상살이다.

오후 5시 휴대폰으로 문자가 왔다. 복잡한 도시가 싫어 시골로 간 친구다. 산사 근처에 황토 집을 짓고, 쇠북소리 들으며 살기를 바랐던 사람이다. 일부러 찾아 와 주었는데 대접이 소홀해서 미안했다는 인사말을 보냈다. 며칠 전 그의 집에 찾아갔었다. 둘러보니 솔숲과 황토와 개울물이 한데 어울린, 한가로이 살만한 집이었다. 그런데 식솔들이 없었다. 안식구도 보이지 않고 그 혼자만이 살고 있었다. 사정을 물어 보니 도시로 다시 나갔다고 한다. 퇴직 후에 다툼이 많았던 모양이다. 말은 하지 않지만 지친 체념이 느껴진다. 반나절 무료히 있었다. 수풀 저 너머 절간 용마루가 보였다. 집으로 돌아오는 길에 절에 들렀다. 일주문을 지나고 천왕문을 지났다. 한 결심 발원하여 일주문을 지나고, 또 한 결심 축원하여 진세의 때를 씻고, 그리고 불이문 앞에 섰다. 마당 넓은 곳에 팔작지붕 얹어 붉은 기둥 세우고 해탈 문을 세웠다. 승과 속이 둘이 아니고, 부처와 내가 일체라고 한다. 속세의 불안을 던져야 이 문을 지날 텐데, 불안을 던져도 불안이 다시 따를까 두렵다.

오후 6시 퇴근시간이다. 비는 내린다. 오늘도 별다른 탈이 없는 좋은 하루였다.

여직원이 먼저 간다며 건성으로 인사하고 뛰어 나간다. 혹시 켜져 있는 컴퓨터는 없는지 점검하고 문 앞에 섰다, 그러고 보니 사무실 문도 붉은 색이다. 나의 고뇌와 노력이 배어 있는 공간을 지키고 있다. 불안과 체념, 아픔과 위로의 삶을 지나오게 만들어준 불이문이다. 문을 열고 다시 닫는다. 불이문은 내 앞에 서 있다.

제 2 부

벚꽃 지는 날들에 대하여

장미

우리 모두 가시를 품고 산다
가시 없이 피는 장미는 없다

거친 바람 부는 날들은 길고
벌들이 찾아오는 계절은 짧다

아름다움은 아픔에서 온다
소리 낼 수 있다면 이미 아픔이 아니다

장미가 진한 향기를 뿜음은
울지 않는 방법을 터득했기 때문이다

공연히 봄날 빗줄기를 탓하지 마라
잎이 떨고 있음은 꽃을 피우기 위해서이다

벚꽃

문을 여니 벚꽃이 보였다. 3월의 끝 날 이었다. 날은 비에 젖어 있었다. 꽃잎은 재색에 가까운 붉은 빛을 띠어 비안개가 핀 것처럼 혼몽했다.

아파트 마당가를 따라서 벚나무들이 줄지어 길을 내고 있었다. 학교로 가는 아이들의 우산과 빗줄기와 꽃이 서로를 가려 풍경은 더 나아가지 못하고 나무에서 멈췄다. 벚나무의 가지는 사방으로 뻗어 꽃을 피우며 스스로는 그 안에 잠겼다. 꽃은 여리고 약해 분명하지 못했다. 잎은 나비 날개보다 부드러워 보여 손가락으로 만지작거리면 형체가 금방 사라질 듯 했다. 이슬비와 벚꽃은 서로 어울렸다. 대기는 그 사이에서 무채색이 되어 사물의 차이는 사라졌다. 그래서 벚꽃은 무차별해졌다. 선명하지도 흐리지도 않아 있음과 없

음은 무의미한 풍경이 되었다

선명함은 차이를 나타낸다. 다른 것과 다른 특별한 의미를 보인다. 장미의 도도한 아름다움은 마음을 빼앗아 향과 멋에 취하게 한다. 미인에 비한다면 달기나 포사처럼 경국지색으로 표현 할 수도 있다. 감성적 시인을 물에 뛰어들게 하는 마력이 있다. 매혹의 힘이다. 주변과 다른 뛰어남이다. 평범한 재색으로 견 줄 수 없는 빼어남이 다른 꽃들과의 차이를 만들어 낸다. 그 차이는 높고 낮음의 수직이다. 장미의 색은 진하다. 붉고 노란 색채 의 파동이다. 잎들은 비례적인 나선을 그리며 미적 형태를 결정한다. 간섭할 수 없는 완결성으로 존재 자체를 드러낸다. 그래서 차이가 된다. 자연이 모습을 나타낼 때 완전과 불완전 사이에 있다. 불완전은 완전을 지향한다. 높고 낮음이 생기며, 아름다움과 추함이 가려진다. 그 가려지는 분별이 언어가 된다. 언어를 통해 장미는 스스로의 이름을 잃고 또 다른 무언가가 된다. 그 무언가는 장미의 차이이다.

차이는 서로 다름이 아니다. 구별하므로 차이는 다시 차별이 된다. 미에도 기준이 생기고, 잘남과 못남의 구별이 생긴다. 그리고 차별은 율법이 된다.

벚꽃은 차이를 만들지 못한다. 벚꽃은 스스로의 아름다움이 아니기 때문이다. 꽃잎은 빛에 의해 굴절되고 투과되며 나무는 거친 수피와 무작위한 가지의 뻗음으로 잎의 없음과 나무의 불균형한 모습을 보여 준다. 가지 사이로 안개나 노을이 비치면 나무는 숨고 분별되지 않는 아름다움이 나타난다. 그때 꽃은 빛에 스며든 그림자가

된다. 그래서 벚꽃은 놓여 있는 장소에 따라 혹은 시간에 따라 각각 다른 풍경을 보여 준다. 깊은 산 속 흐르는 물가에 가지를 드리운 벚꽃과, 도시의 버스 정류장 변에 가로수로 서 있는 벚나무는 서로 다르다. 벚꽃은 장미와 같이 그 향과 색에 빠지는 것이 아니라, 보는 이에게 서로 다른 풍경을 보게 만든다. 그 대상이 연인이거나, 고향이거나, 지난 청춘에 대한 탄식이거나, 보는 사람마다 시간의 편린들을 느끼게 한다. 그래서 기억 같은 꽃이 되는 것이다. 피어져 있는 시간도 짧다. 언제 피었는지 모르게 피었다가 어느 틈에 지기 시작한다. 봄날의 어스레한 꿈이다.

그러므로 벚꽃은 절절하다. 절세미인이긴 하되 소유 할 수 없는, 먼 빛 속에 서 있는 여인. 비유한다면 서시와 같이 호수가로 언뜻 스쳐간 달 빛 같은 여인이 아닌가 한다. 아니면 탑에 갇힌 백사 처럼 인간이 될 수 없는 애달픔 같은 꽃이 벚꽃이다. 벚꽃의 애처로움은 기억의 무상함이다. 4월 어느 날 무심하게 허공에서 떨어져 내릴 때 지나간 날들과 가여웠던 나의 청춘들이 흩어져 내리는 듯, 애절함에 슬퍼진다. 그래서 벚꽃은 보는 이 의 기록이 되는 것이다.

기억은 떨림이다. 잎이 가지에 머무르는 시간이 순간이었음을 알 때 기억은 덧없는 짧음에 전율한다. 머문다는 것은 서로에게 관계하는 어떤 순간에 대한 기억이다.

그 관계가 완전한 뜻으로 기억되기 되기 이전에 툭하고 공간 저편으로 먼저 떨어진다는 것. 그 현상이 언제나 먼저 온다는 사실을 깨달을 때, 기억은 불안한 떨림이 된다.

근본적으로 인생은 슬플 수밖에 없다. 슬픔은 우리가 사라지는 존재라는 것. 우리의 있음은 우연한 것이라는 것. 있음을 증명하려 애쓰지만 결국 아무것도 확인 받지 못하는 존재라는 것. 우리의 있음이 우연처럼 다시 가야 한다는 것. 그래서 벚꽃 잎은 봄바람에 흩날리고 봄비에 젖어 흐른다는 것. 이것을 바라봄에 가슴 저리게 될 수밖에 없다.

벚꽃은 3월 의 꽃샘추위가 지나가고 해의 따스함이 대지를 덥힐 때 땅의 숨결로 피어난다. 나무는 거칠고 갈라진 힘든 호흡으로 대지의 정을 끌어 올려 허공에 피워 낸다. 그래서 허공과 흙은 서로 만난다. 겨울의 혹독함과 땅의 메마름을 견뎌낸 나무의 치열함이 고통과 기쁨의 뒤섞임을 몽환적으로 피워낸다. 기쁨과 슬픔이 마주칠 때 그 둘은 희석 되는 것이 아니라 사라지는 것이다.

그래서 벚꽃의 아름다움은 장미처럼 차이를 낼 수 없다. 다름은 차이에서 나오는 것이 아니라 서로가 같음을 바라보면서부터 시작한다.

길을 걸어가는 아이와 길 따라 서 있는 나무와 꽃들이 비에 적셔져서 서로의 구별이 희미해지고 어느 순간 사라질 때 벚꽃은 피고 지는 것이다

그래서 벚꽃은 환상이 된다. 반지의 제왕 같은 선과 악의 차별성이 아니라, 천수관음 같은 무차별한 세계. 현실과 비현실이 뒤섞여 참 과 거짓의 구분이 무의미해지는 세계가 되는 것이다.

벚꽃은 나무에서 떨어질 때 또 다른 꽃이 된다. 가지에 있을 때는 벚꽃이요 떨어질 때는 산화가 된다. 흩날림이 꽃이 되는 것이다. 그 모습은 화사하다. 바람이 꽃이 되고 꽃은 몸짓이 된다. 그래서 그리움으로 변하는 것이다. 꽃이 필 때 어느 날인가의 기억이 되고 떨어질 때 그리움으로 되는 것.

이것이 봄날의 아름다움이 된다. 꿈결도 된다. 우리는 그 사이에 있다. 굳이 장미와 벚꽃의 아름다움을 다툴 필요가 있을까? 언젠가의 기억 또 어느 날의 그리움 사이에서.

가을 국화

꽃을 본다.

길가에 피어 있는 꽃을 본다. 바람은 무심히 너의 작은 입술을 건드린다. 버스를 기다리며 너의 이름을 생각한다. 민들레, 작약, 참나리와 같은 이름들, 찬 기운이 내리는 가을날엔 아마 그들이 없을 것이다. 나는 국화라고 너의 이름을 짓는다. 연약하고 어설픈 줄기를 보고 국화라고 부르지는 않는다. 가는 목 줄기에 붙은 노란 꽃 술 모양이 국화여야 한다고 생각해서도 아니다. 어쩐지 너는 국화여야 할 것 같다. 어느 바람결에 실려 도로가 담장 옆 작은 흙더미 사이에 뿌리를 내렸어도 길손처럼 서 있는 네 이름은 국화 이다. 너는 어디에서도 흔하며 장미처럼 도도하지도 않다. 모란처럼 환하지도 않고 매화처럼 서리치는 정절도 느껴지지 않는다. 어디에서든 그냥 서

있는 존재일 뿐이다. 그 곳이 산비탈이어도 좋고 어느 초막집 울타리 안이어도 좋다. 굳이 이름을 알려고 들지 않아도 어린 아이도 알 수 있는 너는 국화이다.

국화가 지는 늦은 가을에 어머니를 따라 장에 갔다 왔다. 산동네의 계단은 가파르다. 산 사람이 살아야 할 길을 걸을 때 고통스러워서는 아니 된다. 살아 있음이 어차피 스쳐 가는 짧은 시간이라면 걸음걸음이 눈물이어서는 야속하다. 그러나 세상의 길은 높고도 멀다. 어머니는 머리에 쌀자루를 이고 있었다. 두 손에는 커다란 보퉁이를 들고 찬 서리 같은 계단을 올랐다. 작은 아이였던 나는 그 곁에서 바람개비를 돌리고 있었다. 국화잎처럼 갈라진 종이 바퀴를 꽃순 날리듯 흩뿌렸다.

어머니는 아이가 날리는 종이 꽃가루를 온몸으로 맞으며 엷게 웃었다. 그날 산길을 오르는 판자촌 주변 길에 가을 국화가 피어 있었다. 노란 야생 국화가 아직 젊은 여자의 몸처럼 화사했다.

어머니는 찬 겨울에 북녘에서 왔다. 한창 모란처럼 피어야 야 할 나이에 알지 못하는 남쪽 땅에 난을 피해 왔다. 피란민은 고통의 다른 이름이었다. 삶이 뿌리를 내릴 공간마저 없이 떠돌아야 할 때 산다는 건 두려움이다. 척박한 대지에서 한줌의 물을 얻기 위해, 국화는 모래와 자갈을 피해 가며 흙더미에 몸을 의탁할 때까지 뿌리를 뻗어 가야 한다. 어머니는 낯선 도시에서 살아가기 위해 담배 장수부터 남의 집 허드레 일 까지 마다하지 않으셨다. 국밥 한 그릇 제대로 말아 먹지 못하고 십리 이십 리를 걸어 다녔다. 버스비도 아껴 부득이하면 겨우 타셨다. 한 푼 벌면 반 푼도 쓰지 않았다. 그러던 어느 날 재봉틀을 사셨다. 국화 무늬가 몸체에 송이송이 그려진 바느질 기계를 사던 날 피란민촌 작은 단칸방에서 문풍지처럼 섧게 울었다. 재봉틀은 어머니에게 이 세상을 견뎌나갈 울타리였다. 어머니는 손재주가 있었다. 밤새워 재봉틀을 돌리며 옷 수선을 하고, 가끔씩 국화수를 놓은 치마와 저고리를 만들었다. 노란 국화가 수놓인 치마가 벽에 걸리는 저녁이면, 어머니는 손바닥으로 몇 번이나 쓸어 보며 환하게 웃어 보였다. 그러면서도 어머니의 눈가에는 쓸쓸함이 눈물처럼 비춰 졌다.

국화는 가을에만 피지 않는다. 얼음이 우는 겨울에도 꽃은 핀다. 뻐꾸기 우는 여름날에도 피고 진다. 그러나 가을 국화는 지면서 피어난다. 바람이 잎사귀의 숨결을 거두는 시간에 모딜리아니의 여인처럼 핀다. 어느 날 문득 꿈결같이 피어나 해금 소리처럼 잦아드는 그 꽃은 가을 국화이다.

다시 길가 담장 아래 아무렇게나 피어 있는 국화를 본다. 가늘고 작은 몸체로 나를 수줍게 훔쳐본다. 유심히 보는 내가 그에게는 이상한 사람으로 보이나 보다. 못 본 척 지나가 달라고 고개를 젓는다.

바람이 실어다준 자리에서 없는 듯이 있다가, 다시 바람 불면 떠나가겠노라고 미소 짓는다.

어머니 떠나시던 가을날에도 바람은 몹시 불었다. 며칠을 누워 계시던 어머니는 아침결에 재봉틀을 찾으셨다. 베란다 한쪽 구석에 밀어 두었던 재봉틀을 어머니께 내어 드렸다. 가끔씩 기름을 칠해 잘 보존해 두었기에 기계는 밭은 소리를 내긴 했지만 여전히 잘 돌아갔다. 어머니는 재봉틀 위에 앉아 희미한 국화문양을 만지작거렸다. "고향집 앞뜰에도 국화가 참 고왔었지." 중얼거리듯 한마디 하시고 다시 자리에 누우셨다. 그날 어머니는 길을 떠나셨다.

오늘도 바람이 세차게 부는 날이다. 알지 못하는 남쪽 땅으로 어머니 오시던 날에도 거센 바람은 불어 왔을까? 봄과 여름이 다시 오듯이 가을도 가고 나면 다시 돌아올 것이다.

나는 버스를 기다린다. 기다리는 버스는 오지 않는다.

빈 배

강을 따라 걷는 것은 바람을 보기 위함이 아니다. 먼 길을 돌아서 온 물결의 고단함을 듣기 위해서이다. 고요와 침묵은 강물의 언어다. 언어의 흐름은 적막하다. 강의 적막이 길어 올린 모래톱 위에 빈 배 한척이 버려져 있었다. 낡고 헤어진 몸체를 이기지 못해 모래 바닥에 비스듬히 기대 있었다. 고니 한 마리가 그 주위를 한가롭게 거닐고 있었다. 가끔씩 뱃머리에 올라 항해사처럼 먼 물길을 관찰했다. 배는 이제 더 이상 강물 위를 떠돌지 못할 듯 했다. 강물 속을 힘차게 쏘다니는 물고기 떼와 힘줄이 툭툭 불거진 어부의 그물질도 이제 배의 것이 아니었다. 있어야 할 시간과 있어 온 시간은 다가오는 시간 앞에 길을 비켜야 했다. 주위를 맴도는 고니도 때가 되면 이별을 고할 것이다. 그 사실 앞에 배가 할 수 있는 일은 침묵이었다.

버려지는 것들과의 만남은 언제나 슬프다. 허전한 눈빛에 슬프고 텅 빈 언어에 서글퍼진다. 가장 가슴 아픈 일은 초라해 지는 모습을 지켜보는 일이다.

햇살 밝은 창가에 그가 앉았다. 흰 머리카락이 가을 빛살 같이 창백했다. 창 밖 가로수를 보며 "저건 벚나무구나."하고 그가 말했다. 마치 처음 본 사람처럼 감탄했다. 이름을 불러 주지 않으면 나무가 강물에 떠내려 갈 것 같은 표정이었다. 눈 밑 주름이 깊은 수심으로 가라앉아 있었다. 모래톱으로 보였다. 불안이 모래톱 위에 빈 배처럼 누워 있었다.

오래 전에 그와 같이 배를 탄 날이 있었다. 그 날도 해가 눈부신 날이었다. 그는 노를 저었다. 갓 배운 노 질 이었다. 갑자기 소용돌이가 일었다. 배가 흔들렸다. 파도가 작은 조각배를 덮쳤다. 거친 바람과 파도와 배가 바다 위를 혼란스럽게 떠돌았다. 물결이 휘돌며 깊은 속을 드러냈다. 그는 당황했다. 노를 놓쳤다. 두려움이 그의 말문을 막았다.

차 수저로 커피를 저으며 그는 아무렇지 않은 듯이 말했다. "직장에서 명예퇴직 당했어."라고 말한다. 애써서 담담하게 말하려는 마음의 아픔이 들렸다. 햇빛 한 조각이 냅킨에 강하게 내리쪼여 눈부셨다. 누구에게나 찾아 올 수는 있지만, 누구에게나 찾아와서는 안 되는 일들이 있다. 이번 일도 그랬다. 그는 아직 가르쳐야 할 아이들이 있었다. 가진 재산도 없었다. 있는 것은 답답한 성실함 뿐이었다. 주변의 풍경들이 낯설어질까 두려운 듯 그는 천천히 확실하게 커피를 마셨다. 일어서면서 벚꽃 필 때쯤 다시 연락 주겠노라고 했다.

벚나무가 서 있는 길을 따라 그가 멀어져 갈 때, 바람이 세차게 불었다, 잎사귀가 꽃잎처럼 흩날렸다. 햇빛 좋은 봄날, 그를 만났을 때도 벚꽃이 떨어졌다. 애잔하며 화려했다. 젊은 날의 꿈결이었다. 나른한 봄날이 가듯 꽃은 졌다. 그가 걸어가는 길 뒤로 잎사귀가 떨어졌다. 잎은 나무를 외면하고, 나무는 미련을 보이지 않는 체 한다. 꽃과 잎이 떨어짐은 같아도, 나무가 견뎌야 할 날들은 다르다. 공연히 무심한 체하는 나무의 헐벗음이 애처롭다.

빈 배처럼 살고 싶다고 생각한 때가 있었다. 그물도 싣지 않고 낚싯대도 없이 물결 따라 떠돌아다니고 싶었다. 물고기 떼들이야 관심을 가지고 싶지 않았다. 무엇엔가 구속되는 삶은 비루하다고 여졌다. 바람으로 살고 싶었다. 달빛 따라 흐르다, 모래톱에서 작은 물고기 한두 마리 주워도 행복 할 것 같았다. 일상의 소소함에 사로잡히는 일은 삶을 낭비하는 일 이었다. 자유로운 영혼이야 말로 내가 추구할 가치라고 생각했다. 젊은 날 이었다

자유와 구속은 다른 말이 아니었음을 한참 뒤에야 알았다. 우리는 서로 얽혀 있었다. 나의 자유는 상대에겐 구속이었다. 양보하고 타협하는 것을 배웠다. 그러면서도 두려웠다. 물길을 잘못 찾은 배처럼 어느 날 소용돌이를 만나지나 않을지 조심스러웠다. 안개가 끼는 날이면 고동소리를 울렸다. 허세도 부려야 했다. 물고기 잡는 일엔 이름이 난 사람이라고 큰 소리쳤다. 사실은 나도 잘 모른다. 물고기가 어느 물살을 따라 흐르는지? 삶의 뱃길에서 밀려 나지 않으려는 몸부림이라고 스스로 위로한다.

애쓴다고 해서 늘 그 자리에 머무를 수 없다. 나 역시 떠나야 할 순간은 올 것이다. 그 때는 어떻게 자리를 비워야 할지 걱정이다. 고요한 강물처럼 흘러 갈 수 있을까? 기억 되지는 않더라도 아픈 미련을 가지고 싶지는 않다.

그를 보내고 종일 기분이 우울했다. 집 근처 포장마차를 찾았다. 어둠속에 돛배처럼 포장마차가 떠 있었다. 펑퍼짐한 얼굴의 주인아주머니가 수건으로 머리를 두르고, 국자로 어묵 국물을 젓고 있었다. 11월의 갑작스런 추위를 불평하며 국물 한 컵을 권해 왔다. 아주머니는 며칠 뒤면 가로변 정비 사업으로 이 자리를 떠나야 한다고 걱정했다. 한 겨울이라도 지나야 할 텐데, 떠나야 하는 줄은 알지만

재촉이 너무 이르다.

다시 강을 따라 걷는다. 햇살 밝은 날이다. 모래톱 위에 배는 여전히 그 자리에 있다. 고니 역시 배 주위를 오가며 갈대 사이를 뒤적인다. 바람은 강을 지나고 강은 여전히 고요하다. 아무 일도 없다. 시리도록 투명한 가을날의 오후다.

그게 무에 대수겠소

이 형의 말버릇은 늘 이랬다.

"그게 무에 대수겠소!"

그러면서 득의한 듯 입술을 비죽이며 웃는다.

이 형은 나보다 몇 살 위이며 직장 생활도 몇 해 먼저 시작한 선배라고 할 수 있다. 그러나 성격이 탈속한데가 있어 이런 저런 일을 세세히 따지지 않고 내가 이 형! 이 형! 하고 불러도 그저 형님의 다른 표현이겠거니 -이는 내가 주장한 바이다 - 하고 속 편히 받아들인다.

사실 세상사 복잡함이야 누구나 아는 바지만, 잇속 챙기고 제 잘난체 함이 오늘을 사는 사람의 미덕이라고 칭송되어지는 판에, 이 형 같은 사람은 때로 바보스럽게 보일 수도 있다. 이 형은 매사에 범상하여 직장에서의 일 맵시도 딱 부러지지 못하여 해 놓은 일도 되고치기 십상이다. 직장 내 각종 연수도 말 등을 기어 다녀서 승진이고 전출이고 간에 남이 다 쓸고 간 뒷자리를 차지하여 안빈낙도해야 할 처지이다. 이런 사정이 안타까워, 내가 위로의 말이라도 건넬라치면 예의 그 입술을 비쭉 내밀며

"사람이 이렇게도 살고 저렇게도 사는 거지, 인간이 그만만 하면 그만만 하게 살면 되는 게요."하고는 "그게 무에 대수겠소!"한다.

이렇듯 무심한 이형이 나름대로 애지중지하는 두 가지 취미가 있는데 하나는 바둑이요, 또 하나는 한시 짓기다.

둘 다 썩 잘하는 것도 아니요. 바둑이래야 수담을 즐길 정도인 만년 5급이요. 한시래야 그저 율과 절구의 형식이나 아는 만년 습작생 수준을 벗어나지 못한 정도이다. 그러나 이형이 몰두하는 그 정성으로 보면 바둑은 이창호 옆에 서야 할 터이요, 한시는 이백의 옆자리에 앉아 술 한 잔 권할 정도가 되어야 할 터인데 그렇지 못하니 그것도 이형의 기이함이다.

하기야, 이형의 천성이 무심하여 바둑을 둠에도 상대가 잘 두니 못 두니를 가리지 아니하고, 지면 진대로 이기면 이긴 대로 흥겨워할 뿐이요, 행마의 수졸을 가리지 아니하니 애당초 상수가 되긴 틀린 노릇이요. 한시로 말하자면 달과 바람 대나무 산 승등 몇 가지 어휘를 밑천 삼아 이리 맞추고 저리 끼워 넣어 아침에 시 한수 덜렁 짓고 저녁에 취흥 도저히 낭송하니 스스로 칭하여 한시 작가라.

하루는 술자리에서 이형이 지은 「선승이 산에서 길을 잃다」라는 시를 듣다가 "지난번에 내가 듣기에 산승이 산에서 길을 묻다. 라는

절구가 있었는데, 이번엔 산승이 선승으로 바뀌고 나머지는 다 비슷하니 하나로 열을 만드는 게요?"하니 이형은 잠시 흠칫하다, 나름 교활하게 눈동자를 데루룩 굴리고는 "시란 사람 마음이요, 사람 마음은 다 비슷한 게요."아는 체 하고는 "그게 무에 대수겠소."한다.

이렇듯 도시 무의 무탈한 사람이라 직장생활도 한걸음 옆으로 비켜나 자리보전하는 정도이요, 이형 역시 그런 일에 크게 괘념 하지 않고 지내는 터수였다. 그런 이형과 십 수 연간 허물없는 교분을 이어가다가, 나는 개인적인 일을 하고자 그 직장을 그만두게 되었다.

그러다 보니 몸이 멀어지면 마음도 멀어지는가? 이 형과의 만남도 뜨음해 지던 중에, 하루는 이형으로부터 전화가 걸려 와서 "이보게! 나 이제 시골 내려가네." 한다.

갑자기 이게 웬 뜬금없는 소리인가 싶어

"웬일이요? 한 며칠 쉬러 갔다 오는 게요?" 하니 그게 아니고 나이도 들고 눈치도 보여 직장을 그만 두었단다.

그래서 우선 학교 다니는 딸아이와 집사람은 도시에 놔두고 시골에 사 둔 땅이 좀 있어 농사나 지어 보려고 한단다.

아이를 놓아두고 가다니! 나는 좀 걱정이 된다.

이형은 서른이 훌쩍 넘은 나이에 늦장가를 들어 40줄에 딸아이 하나를 보았는데, 얼마 못 있어 애 엄마와 갈라서고, 몇 해를 홀아비로 지내다 주위 사람들에게 떠밀려 재취 한지도 얼마 되지 않는다. 그 재취한 부인도 성격이 모나 이형과 자꾸 다툰다는 소리를 들었는데 이제 초등학생인 아이를 두고 가다니! 마음이 안쓰럽다.

그러나 괜한 걱정을 해 보아야 천생 무심한 위인이 새겨들을 리도 없고 가서 잘 있으라, 할 밖에. 그렇게 이형은 시골로 내려갔다. 나 역시 삶에 쫓기다 보니 처음엔 가끔이나마 주고받던 이형과의 소식도 끊긴지가 대 여섯 달 지난 어느 날. 지방에 있는 거래처에 출장 갈 일이 생겨 차를 몰고 시외버스 터미널 앞을 지나치는데 건널목을 지나는 낯익은 부녀의 모습이 보였다.

큰 가방을 오른 손에 무겁게 들고 허둥대면서 딸아이를 재촉해 길을 건너는데 작달막한 키가 영판 이형이다.

반가운 마음에 얼른 차를 길가에 대고 "이 형, 이 형"하고 부르니 잠시 어리둥절해 하다가 소리 내지 않고 커다랗게 웃으며 딸아이를 데리고 뛰어 온다.마침 점심 식사 시간도 된 터라 우리는 가까운 국밥집으로 들어갔다.

종업원이 갖다 주는 냉수 한 컵을 들이키며 저간의 사정을 물으니 얼굴을 실룩이며 대답을 꺼리다가 "나 며칠 전에 마누라와 갈라섰네." 한다.

사연인즉, 못난 사람이나마 자신을 받쳐 주던 직장을 떠나고 나니 주변이 변하고 스스로도 마음 기댈 데가 없더란다. 농사라고 짓긴 하는데 몸에 잘 붙지도 않고, 마누라는 퇴직을 기다렸는지 이혼하자고 졸라 대니 "에라" 싶어 몇 푼 받은 퇴직금 나눠주고 보내 버렸단다.

그런 얘길 하면서 내가 늘 보아 왔던 이형의 모습과는 다르게 무척 힘들어 한다.그러고 보니 가을도 깊어 가는데 아이가 입은 옷가지가 엷어 보인다.

이형과 헤어지면서 작은 돈을 꺼내 아이의 손에 살며시 쥐어 주었다. 말리는 이형의 손길에 전과 달리 힘이 느껴지지 않는다.

몇 걸음 걸어가다 돌아서 보니 바람에 날린 가로수 잎 하나가 이형의 어깨에 잠시 머물렀다 길바닥에 떨어진다. 산다는 건 역시 만만치 않은가 보다.

그러나 이형!

우리 아직 막걸리 한잔 걸칠 힘은 남아있고, 아직은 돌아갈 집도 있으니 흰소리 한번 쳐보십시다.

"그게 무에 대수겠소!"

보고 싶다

누구에게나 고향은 있겠지!

이렇게 따사로운 봄 날, 햇빛 조으는 툇마루에 앉아 뒤뜰 장독대 사이로 모이를 쪼으러 다니는 장닭과, 그 뒤를 어슬렁대는 누렁이의 짖는 소리가 선 꿈처럼 설핏 대는 한 시절의 그림책은 누구나 가슴 한켠에 가지고 있겠지!

그럴 것 이다.

세상을 살아가다 문득 마주치게 되는 풍경이나 사람들의 모습에서, 가슴 저린 그리움 같은 것들과 "안녕" 하고 인사하게 되었을 때, 우리는 그 싸아한 슬픔의 밑바닥이 기억 속에 숨겨진 고향 마을의 데자뷔임에 가끔씩 놀랄 때가 있다.

내 고향은, 저 산념이에 있는 그 어린 시절의 마을은…

이렇게 운을 떼려고 하면 나는 주춤거린다. 시골에서 자란 친구들처럼 동네 입구에 마을과 함께 늙어온 정자나무 그늘 밑에서 장기 두던 허연 수염의 할아버지와, 토담으로 울을 치고 그 안에 감나무와 푸성귀를 키우며, 밤이면 달빛이 둥근 박과 함께 초가 지붕위에 걸터앉아 도깨비 이야기를 들려주던 그런 기억이 없다.

나는 부산 사람이다. 이 도시에서 태어나 학교에 가고 가정을 이루고 삶을 터 잡고 사는 사람이니 그렇게 말해도 지나친 말은 아닐 것이다. 그래서 향리를 떠나온 친구들처럼 누런 흙과 맑은 개울과 뒷동산에서 피어오르는 봄날의 아지랑이 같은 기억은 별로히 갖고 있지 못하다.

그래도 해야 하겠다. 이 도시의 뒤켠에 오두마니 돌아앉아 서울 가는 증기 기관차가 소리치며 지나가는 철길 주변에 피어오르던 봄날의 아지랑이와 철둑길에 피어나던 민들레와 개나리에 관한 이야기들을, 그리고 그곳에서 살아가던 사람들을 기억해야 하겠다.

이렇게 어머니 치마폭처럼 다사로운 봄날의 햇살이 비치는 거리에 서 있으면, 나는 보고 싶다.

기차길옆 주변에 양철 지붕을 덮고 판자로 엮은 집에 살던 마을 사람들 전차 운전수 이 씨 아저씨와, 광맥을 찾아 일확천금을 꿈꾸던 허 씨 아저씨, 그리고 헌 고무신 바꿔 엿 사먹던 언니, 누나들. 그리고 목수일 하던 박 씨 아저씨는 집나간 아내 대신 네 아이 키우느라 고생도 많으셨지. 하지만 천성이 낙천적이라, 지난 밤 라디오 연속극을 못들은 아낙네들이 자기들끼리 궁금해 하며 속닥거리는 소리를 들으면, 저녁을 짓던 앞치마 차림으로 뛰쳐나와 신나게 얘기 보따리를 풀어놓다 저녁밥을 다 태우기도 하셨지.

동네 만홧가게에는 일원에 만화책이 두 권, 속 좋은 아주머니는 세 권도 보게 해주셨다. 그 곳에서 동네 형들은 서양 배우 이야기도 하고, 어느 여배우가 시집가서 몸이 불었더라는 둥의 이야기를 하다 가끔씩 어린 우리들에게 오뎅 한 두 꼬치와 국물도 맛보게 해주었다.

우리는 낮이면 동네 버려진 공장 빈터에서 구슬치기나 딱지치기를 하다 그것도 심심하면 찜뽕을 했다. 작은 고무공을 주먹으로 쳐서 멀리 보내고 1루 2루 돌아서 들어오는 야구 비슷한 놀이 말이다. 그러다 어스름한 저녁이 오면 전봇대에서 비치는 백열등 빛을 받으며 집으로 돌아갔다. 집 어귀에는 구수한 된장국 냄새와 하늘에 걸린 달빛은 시골이나 여기나 다름없었겠지.

보고 싶다!

그들은 다 어디서 무얼 하는지? 광산 찾던 허 씨 아저씨는 금맥을 찾아 강남 어디에서 떵떵거린다는 소문은 오래전에 들었는데!

참! 세뱃돈이 오원이던 시절. 우리가 찾아가면 꼭 일원씩만 주시던 박 씨 아저씨는 수 삼년 전에 돌아 가셨다고 하던가?

이제, 그 사람들은 없다. 기찻길 옆의 작은 판잣집들도, 허연 연기를 내뿜으며 쉰 목소리를 내어 지르던 기차도 없다. 그 곳을 지나가면 잿빛의 벽과 피로한 하늘만 가라 앉아 있을 뿐!

그래도 내 마음 속엔 고향이 있다.

이렇게 가슴시린 봄날이 오면 떠나온 마음자리 그 어딘가에 꽃잎처럼 앉아 있는 그 마을이 있다. 나서 자란 곳을 생각함에야 시골이나 도시나 그 무에 다르랴? 형체야 있건 없건 간에 나는 그곳을 지나치며 스스로에게 묻는다. 아니 그곳을 지나다니는 사람들에게 당나라 시인 왕유처럼 물어 보고 싶다.

그대 지금 고향에서 오셨으니, 君子故鄕來
응당 고향 사정을 아시겠구려! 應知故鄕事
떠나오던 날 우리 집 창문 앞 來日綺窓前
겨울 매화나무가 꽃을 피웠던가요? 寒梅著花未

(당나라 시인 왕유의 "雜詩"에서)

지나간 시절은 누구나 아름답다고 한다.

그러나 고향이야 어디 그러랴 ?

내 할머니, 아버지, 어머니, 내 형제의 슬픔과 기쁨, 고단함과 행복이 베틀에서 짜여진 면직물처럼 직조 되어 있는 곳. 그래서 알 수 없는 저릿함이 쓸개즙처럼 고여 이 봄날에 나를 슬프게 하고 되돌릴 수 없는 시간에 안타까워하게 한다.

차두봉(釵頭鳳)

사랑에 대한 이야기를 듣다보면 가슴 아플 때가 많습니다. 맺어진 사랑은 정이 되나 맺지 못한 사랑은 한이 되기 때문입니다. 그 한이 너무 절절해서 쉽게 잊혀 지지 않을 때가 있습니다. 육유와 당완의 옛일도 그와 같은 이야기입니다. 특히 시로 전하는 그 사랑은 아파하는 마음의 느낌이 커서 가을 밤 촛불의 심지를 돋우게 합니다.

육유는 남송시대의 대표적 시인입니다. 특히 1만수의 많은 시를 남겨 중국 시사 상 최다작의 시인으로 알려져 있습니다. 아마 이루지 못한 사랑의 한이 시를 쓰지 않으면 견딜 수 없도록 만들지 않았을까요?

당완은 그의 외사촌 처자로서 재색 겸비한 가인이었다고 합니다. 시에도 능해서 육유와 시작을 나누기에 부족함이 없는 재원으로 알려져 있습니다. 그 두 사람이 부부의 연을 맺으니 물과 고기가 노니는 격이라 참으로 어울리는 만남이었습니다. 그러나 좋은 일엔 슬픔이 따르는 법. 이 사랑스런 부부는 시어머니의 강제로 인해 헤어지게 됩니다. 이유는 분명치 않습니다. 그리고 육유는 어머니의 뜻에 따라 왕 씨 부인과 결혼하게 되고 당완도 조사정이란 문인과 재혼하게 됩니다. 그리고 8년 뒤 객지를 떠돌던 육유는 고향인 소흥에 있는 심원이라는 곳으로 바람을 쐬러 가게 됩니다.

마침 그곳에 당완도 남편과 그의 친구들을 따라 나들이를 나오게 되어 서로 마주칩니다. 가슴이 찢어지는 고통을 느낀 두 사람이었지만 이미 끊어진 인연입니다. 다만 음식과 술로 애끓는 마음을 대신할 뿐, 어찌 할 수 없는 처지의 두 사람은 깊은 한을 남기고 헤어지게 됩니다. 육유는 이 사무치는 그리움을 심원의 벽에 쓰게 되는데 그 시 가 유명한 차두봉 입니다. 차두봉은 봉황장식의 비녀인데, 비녀는 여성의 정절로서 부부간의 사랑을 표현한 것으로 보여집니다.

> 봄은 예와 같이 변함없지만 사람만 덧없이 야위어
> 곱게 단장한 얼굴에 흐르는 붉은 눈물 손수건을 적시네.
> 복숭아꽃 떨어지고, 연못가의 누각은 찾는 이 없는데
> 굳은 맹세 여전하나 서신으로 전하기 어렵구나.
> 어찌 할까? 어찌 할까? 어찌할까?
> (春如舊 人空瘦 / 淚痕紅浥鮫綃透 / 桃花落 閑池閣 / 山盟雖在 錦書難託 / 莫 莫 莫)

불그스름한 고운 손으로 황등주를 따르니
봄빛은 성안에 가득하고 버들가지 담장에 드리웠었지
몹쓸 봄바람에 기쁨도 잠깐
한 번 슬피 헤어진 후 어언 몇 해나 서로 떨어 졌던가
아득하여라, 아득하여라, 아득하여라
(紅酬手 黃藤酒 / 滿城春色宮牆柳 / 東風惡 歡情薄 / 一懷愁緒 幾年離索 / 錯 錯 錯)

어지러울 착 자와 없을 막자가 육유의 비통함을 절묘하게 그려냅니다. 당완도 그 소식을 듣고 답 시를 쓰는데 여인으로서의 어쩌지 못함과 그리움을 참는 애절함이 어려울 난자와 감출 만자에 잘 나타나 있습니다.

세상 정은 야박하고 사람 인심도 모질 어라.
해 저무는 저녁 비까지 내리니 꽃은 곧 떨어지겠구나.
새벽바람에 비 그쳤는데, 눈물 흔적은 지워지지 않았네.
마음의 괴로움을 글로 달래려 하여도 난간에 기대어 혼잣말을 할 뿐
어렵군, 어렵군, 어렵군.
(世情薄 人情惡 / 雨送黃昏花易落 / 曉風幹, 淚痕殘 / 慾箋心事 獨語斜欄 / 難!難!難!)

우리서로 가정 이루어 옛날과는 같지 않네.
오랫동안 병든 마음 날이 갈수록 쓸쓸하기만 하고
밤 피리소리 구슬픈데, 난간에 홀로 서 있자니

누군가가 사연 물어 마음 들킬까, 눈물 삼키며 웃음 짓는다.
감춰야지, 감춰야지, 감춰야지!
(人成各 今非昨 / 病魂常似秋千索 / 角聲寒 夜欄珊 / 怕人尋問 嚥
淚裝歡 / 瞞! 瞞! 瞞!)

당완은 이 시를 쓰고 얼마 있지 않아 시름시름 앓다가, 세상을 뜨고 맙니다. 전 남편 육유에 대한 사랑이 결국 병이 된 것이지요. 지금도 소흥의 심원에 가면 육유와 당완이 쓴 시 차두봉 2편이 벽에 새겨져 있습니다.

나는 이 시를 읽으며 사랑이야 말로 우리가 살아가는 이유로 느껴졌습니다. 사랑 없는 부귀와 명예는 헛된 그림자에 불과합니다. 그러니 사랑하십시오. 사랑하지 못한다면 적어도 사랑의 방해자는 되지 마십시오.

뇌봉탑

절강 성 항주 서호 연변에 뇌봉탑이 있다. 오월의 군주 전홍숙이 사랑을 위하여 세웠으니 현세와 내세 인연이 탑을 통해 오고감이라. 그 탑 아래 사랑 하나 갇혀 있다고 전해져 내려온다. 서호의 정령인 백사부인 백소정이라! 순수한 사랑이 독선과 치우친 정의에 사로잡혀 깊은 구렁에 빠졌으니 언제 깨어날지 아무도 모른다.

백사전은 명나라 시대의 경극이다. 서호의 깊은 곳에 살던 백사가 중양절날 거리에 나왔다가 허선이란 가난한 남자와 사랑에 빠진 이야기이다. 인간으로 살기 위해 천년의 수행마저 포기한 뱀은 사랑에 모든 것을 바친 순수한 여인이다.

도를 닦음은 오욕과 칠정을 끊어 정념의 속세를 벗어나려 함인데 사랑은 천년의 세월마저 꺾지 못했다. 돌 사이로 굴러다니는 마른

나무 잎사귀처럼 흔들림도 미혹도 없이 무심해야 할 텐데 격한 보고픔은 어디에 있던 애끓음인가? 억제하고 참고 또 참아도 사랑은 피할 수 없는 원죄인가 보다. 허선이란 남자는 평범한 남자이다. 배우지도 못했고 인물도 준수하지 않은 약방의 점원이다. 그저 흔히 시정에서 볼 수 있는 그저 그런 남자인데 아름다운 백사의 선택을 받는다. 중국의 설화에는 이런 구도의 이야기가 많다. 평범한 남자와 절세가인의 맺어짐. 우리 남자들의 로망이 아닌가? 반면에 우리나라에는 평강공주와 온달장군의 설화와 박씨 부인전을 빼고는 대부분 남자들이 유능하고 여자들은 수동적이다. 상대적으로 여성의 권한이 강한 중국과, 남권이 강한 한국과의 문화적 차이가 아닌가 한다. 가난한 허선을 위해 백사는 재물을 내어놓고 약방까지 차려준 다음 둘의 사랑은 시작되었다. 이 이야기는 여기에서부터 시작된다. 대체로 사랑에 대한 이야기는 결혼을 하거나 아니면 이별하거나 하는 두 가지 지점에서 끝이 난다. 우리가 잘 아는 셰익스피어의 로미오와 줄리엣이나 성 춘향전도 마찬가지 아닌가?

젊은 남녀의 그리움과 그 둘을 방해하는 사회적 조건과 세력, 거기에서 빚어지는 갈등 들이 정점을 맞으면 이야기는 끝이 난다. 연인에게 있어 사랑이란 절대적인 것이며 영원한 것이다. 변할 수 없는 진리이기도 하다. 그래서 연인은 선이 되고 방해하는 자들은 악이 된다. 그러나 류향이 다시 말한다. 이 이야기는 여기에서 부터 시작된다. 약방을 차린 허선은 돈을 만지게 되고 부가 주는 쾌락과 여유에 빠지게 된다. 사물을 선하게 보는 순수함은 점점 사라지고 냉정한 사리와 분별이 생기게 된다. 주변의 이야기에 귀룰 기울이게 되고 좋고 나쁨을 가리게 된다. 생활이라는 굴레가 순진무구의 색채에 덧칠을 하게 되는 것이다. 허선은 법해라는 금산사 주지를 통해 백소정이 흰 뱀인 것을 알게 된다. 사랑하는 여인을 시험하고 의심하여 마침내 법사의 손에 백랑을 넘기게 된다.

그래서 묻는다. 이 세상에 있는 사랑은 진정하냐고 ? 진정하지 않은 사랑이 사랑 일 수 있느냐고? 그럴 수도 있고 아닐 수도 있다. 물은 마을 앞 작은 도랑을 지날 때 개울이 되고 절벽을 만나면 폭포가 되며 대해에 들어가면 파도가 된다. 움직이고 변화하므로 일정한 형태가 없다. 살아 있음이다. 진정성은 불변 하는 것이 아니며 영원한 것도 아니다. 떠다니는 정념이 믿음을 만나는 상태를 진정성이라 한다. 진정성이 사랑을 가질 때 순수해지고 사랑을 떠날 때 선악을 알게 된다. 그래서 진정성은 사랑의 수식어이며 동격 주어는 아니다. 진정성으로 사랑을 가리지 못하는 이유다.

허선이 백소정을 배신하게 된 것은 사람과 짐승의 갈라짐이다. 사람은 사람과 짐승은 짐승과 어울려야함이 하늘의 법칙이라는 것이다. 이 둘 사이를 오가는 존재를 요괴라고 칭한다. 정해진 질서를 넘나드는 현상을 요라하며 행할 수 없는 것을 행함을 괴라한다.

이 둘은 세계의 질서 내에서는 이해 할 수 없으며, 모른다는 것은 세계에 대한 불안이 된다. 불안이 곧 불의는 아니다. 법해는 알지 못하는 것에 대하여 정의를 실현하려 한다. 그 의 정의는 세계를 분별 짓는 것이다. 인간은 인간에게 뱀은 뱀에게로 가야 한다는 것이다.

그러나 법해여! 하늘은 하나의 하늘이 아니며 땅도 하나의 땅이 아니다. 28계 33천으로 열리며 닫히고, 모이고 흩어진다.

백소정은 진정성을 통하여 요하고 사랑을 통하여 괴하다. 그것을 이해하지 못함은 그대의 무지지 백사의 탓은 아니다. 그대의 법술은 무희 타이스를 구한 파리뉘스 수사의 설법처럼 허황된 것이다. 독선과 편견이 진실을 재판하고 사랑을 파괴하였음을 법해는 깨달아야 한다. 백소정은 뇌봉탑에 갇혔다. 서호의 푸른 물결이 뇌봉탑을 비출 때 탑에 갇힌 백소정은 무슨 생각을 하고 있을까? 사랑을 배신한 허선의 무정함을 원망하고 있을까? 아니면 사람을 사랑한 자신의 어리석음을 탓하고 있을까?

백낭자 ! 그대가 탑에 갇힌 진정한 이유를 아는가? 빠삐용이란 영화에 섬에 갇힌 스티브 맥퀸이 자신의 죄를 묻는 장면이 나온다. 재판관들이 열석한 가운데서 그는 묻는다. 자신의 죄가 무엇인가? 나는 여기 왜 있는가? 그 답은 이렇다. 빠삐용 그대의 죄는 인생을 낭비한 죄이다. 백낭자? 나 역시 그대가 묻는다면 똑같이 대답해 줄 것이다. 그대의 죄는 인생을 낭비한 죄이다. 진정한 사랑이 있다고 믿고 인간을 사랑한 죄이다.

그대는 부질없는 일에 인생을 낭비하였다. 영원한 사랑이 없듯이 진정한 사랑도 없다. 단지 변하고 또 변하는 사랑이 있을 뿐이다. 그 변하는 사랑을 믿으라. 우리가 할 수 있는 일은 믿는 일 뿐이다. 사랑도 삶과 죽음 의 그늘아래 있는 윤회의 업보임을 알 때, 스투파여! 그대를 가둔 뇌봉탑은 스스로 열리리라.

장가계

동정호의 남쪽 후난성 서북부에 장가계가 있다. 사람이 태어나 장가계를 보지 않았다면 100세가 되었어도 어찌 늙었다고 할 수 있겠는가? 하는 명승지다.(人生 不到 張家界百歲 豈能 倆 老翁) 일찍이 한나라의 책사 장량이 토사구팽 됨을 알고 산중에 숨어든 데가 무릉원이니 이름만 들어도 가히 신선이 사는 곳임을 알겠다.

장가계의 산수를 칭찬하는 말을 들어 본지는 몇 년 되었다. 중국 여행을 한다면 가장 먼저 찾아보고 싶은 곳도 장가계였다. 중국의 산수화에 그려진 선경을 동경하면서, 현실에 접 할 수 없음을 안타까워했다. 계곡을 굽이치는 물결과 기묘한 바위 유유히 떠도는 구름과 안개, 산중 문답처럼 단지 손을 들어 그곳을 가리킬 뿐 현실에 있다고 생각할 수 없는 내 마음의 이상향이었다. 실제 그런 낙원이 존재하리라고 생각하지 않았다. 그런데 산수화에 그려진 것과 같은 화중선경이 있다는 여행사의 광고가 인터넷이나 신문에 나오는 것이다. 홍보물을 보니 과연 절경이었다. 한번 구경 해 봐야겠다는 생각은 있었으나, 하루하루 지나다 보니 또 수 삼년이 흘러갔다. 그러다 재작년 9월에 이렇게 미루다가는 평생 못갈 것 같은 기분이 들어 관광회사에 신청하여 마침내 장사를 경유하는 장가계 여행 일정에 참여하게 되었다.

가을이 시작되는 9월이었다. 김해공항에서 밤 10시에 이륙하여 장사에 도착하니 새벽 2시경 이었다. 공항을 나서니 어둠 속에서 가랑비가 내리고 있었다. 아열대의 축축한 열기와 돼지비계 같은, 기름기 머금은 누런 흙냄새가 코에 훅 들어왔다. 공기부터가 산이 많은 반도의 청명함과는 달랐다. 아! 대륙이구나 하는 탄성이 나왔다. 여기가 이백과 두보의 산천이며 모택동의 고향이었다. 현지 가이드가 버스 승차장에 대기하고 있었다. 조선족 아가씨였는데, 가냘픈 몸매에 얼굴도 갸름하여 북방계 미인 형이었다. 연변에서 왔다고 하는데 장가계 관광 안내원을 한지 3년 정도 되었다고 한다. 수입도 넉넉한 편이어서 주변의 중국인들이 부러워한다고 한다. 우리나라 경제력의 발전으로 조선족 청년들도 윤택한 생활이 된다하니 조국에 대한 자긍심에 뿌듯해졌다. 날이 아직 밝지 않았으므로 장사 시내에 있는 호텔에 가서 잠깐 눈을 붙이고 아침 7시에 식사를 하러 레스토랑에 갔다 4성급 호텔이어서인지 다양한 메뉴의 요리가 제공 되었다.

그런데 중국음식 특유의 향신료가 입에 맞지 않아 다른 요리에는 손도 대지 못하고 오리 알 하나와 빵 한 조각으로 아침을 때웠다. 다른 일행들 중 몇몇은 고추장과 김을 반찬으로 가지고 와 맞지 않는 입맛을 달래는 듯했다. 환경이 바뀌면 가장 적응하기 힘든 것이 음식이란 말이 맞는 것 같았다. 버스를 기다리면서 호텔 현관으로 나서니 장사 시내의 모습이 보였다. 호남성의 성도답게 8차선의 도로와 빌딩들이 대 도시 다운 풍모를 갖추고 있었다. 멀리 아파트 공사하는 현장들이 보였는데 우리나라의 산업시대처럼 한참 개발되는 중국의 다이내믹함이 느껴졌다. 한편으로 보면 현대화라는 것이 결과적으로 서양 문명을 받아들이는 것인데 편의성과 효율을 중시하는 물질문화가, 하늘의 뜻과 무위를 존중하는 정신문화를 소멸시키는듯하여 안타깝기도 했다. 중국인이 원래 현실적인 백성이여서 돈에 대한 집착이 강하다고 하지만 사회주의 체제하에서 빠르게 자본주의를 흡수하는 모습이 사람의 본성을 보는듯하여 씁쓸했다.

장사시내에서 장가계는 고속도로로 달려 4시간 정도의 거리였다. 대략 300킬로 정도의 거리이니 부산에서 대전 정도가 아닌가 한다. 비는 계속 부슬부슬 내리고 있었다. 창밖으로 붉은 황토 벌이 끝없이 계속되어졌다. 육지의 광활함이 사람의 보잘 것 없음을 실감나게 했다.

펄벅의 대지가 떠올랐다. 가난한 왕룽 일가가 척박한 삶을 일군 대지. 땅만이 배신하지 않고 정직하게 지켜준다는 왕룽의 믿음. 그는 자신의 아들들에게 땅만은 절대 팔지 말라고 당부한다. 모든 것이 다 떠나가도 대지만은 변하지 않고 지켜주는 어머니 같은 존재.

정말 인간이 순응하고 살아가야 하는 곳은 대지이다. 라는 평범한 진리에 주책없이 목이 메어졌다. 「바람과 함께 사라지다」의 스칼렛 오하라는 내일은 내일의 해가 뜬다고 운명에 도전한다. 그녀에게 대지는 극복의 대상이다. 삶을 바라보는 세계관의 극명한 차이다.

군데군데 왕릉이 살았음직한 집들이 나타났다. 2층 이상으로 지어져 있었다. 습기가 심해 1층은 창고로 쓰고 2층 이상에 거주한다고 가이드가 알려 주었다. 고속도로는 차들의 통행량이 많지 않아 한산했다. 중간에 휴게소에 들렀는데 시골 가게처럼 작은 상점 하나에 주유소만 덜렁 벌판에 세워져 있었다. 상점에는 우리나라 소주와 초코파이도 팔고 있었는데 과문한 나는 외국에서 보는 우리 제품이 반가웠다. 나라의 힘이 커야 백성도 대접 받는 법이다. 한국 관광객이 많으니 상품도 한국인 위주로 진열했다.

어느덧 장가계의 경계로 접어들자 산세가 변하기 시작했다. 우리나라의 산이 주는 분위기와 달랐다. 주로 화강암이 많은 우리나라는 바위산이라도 선이 완만하며 뚜렷해 산과 하늘의 경계가 분명하다. 그러나 버스 양편으로 보이는 장가계의 산세는 형태가 곡선으로 굽이치고, 봉우리가 기묘하여 인간의 상상력이 미치기 힘든 모양을 하고 있다. 그에 더해 안개와 구름이 상시 가려져서 그사이로 언뜻언뜻 비치니 신비감에 절로 탄성이 난다. 모름지기 보이지 않는 것이 더욱 신비한 법이다. 수 억 년 깊은 바다 속에 있던 협곡이

지각변동으로 솟아나서 바람에 깎이고 물에 녹아 기묘한 봉우리 숲을 이루었다. 천지간의 이 조화를 어찌 필설로 다 드러낼까? 단지 놀라서 한숨만 나온다. 그래서 장가계 기행을 와와 관광이라 한다고 가이드가 넌지시 일러 주었다. 소싯적에 나는 계림 산수가 천하제일이라는 이야기를 듣고 있었는데 상상보다 더해 산의 초입부터 분위기가 예사롭지 않았다.

점심은 장가계에 거주하는 한국 사람이 운영하는 식당에서 하였는데 김치와 한국식 생선찌개가 나와 고픈 배를 채울 수 있었다. 식당 주인이 이야기하기를 장가계시에 거주 하는 한 국 사람이 2천명이 넘으며, 한국 관광객이 뿌리는 돈만 한때 시 예산의 절반이 넘었다고 한다. 그러니 장가계는 한국인이 개발한 관광지라 해도 무방한 명소다.

오후 일정은 대협곡과 용왕동 관광으로 잡았다고 한다. 버스로 이동하여 대협곡으로 가니 커다란 주루 형태의 문 현판에 행서체의 장가계 대협곡이란 글이 일필휘지다. 대협곡은 높이가 400미터 830개의 계단이 있어 천제잔도라고 한다. 하늘로 오르는 계단길이란 뜻이다.

중국인들의 상상력이 자연의 비경을 인간 앞으로 돌려놓았다. 어떻게 그 가파른 협곡에 계단을 놓아 관광자원으로 쓸 수 있게 만들어 놓았는지? 우리나라 같으면 환경단체들에 의해 자연파괴라는 지탄을 받았을 텐데 ! 그 문제는 제쳐 두더라도 허공에 길을 내는 위험한 작업을 도대체 우리나라 어느 노동자가 한단 말인가? 중국이라는 나라가 아니면 실행 할 수 없는 토목공사다. 대협곡뿐만 아니고 중국 풍경구 곳곳에는 잔도가 놓여 있다. 그 잔도를 만드는 노무자를 잔도공이라 한다. 극한직업이라는 티부이 프로그램에 보면 그들의 직업 세계를 탐방한 다큐멘타리가 나온다. 특별한 장비 없이 사람의 노동력과 담력으로 벼랑에 선반처럼 길을 매다는 작업 광경을 보면 모골이 송연하다. 그런 일을 몇 십년간 해온 사람들도 있으니 아! 사람 사는 일이 너무 가슴 아프다.

하늘도 비좁은 절벽에 가려 잘 보이지 않는 협로를 따라 내려오다 보면 일선천, 오왕파, 석벽열봉의 바위틈새를 지나 활도가 나타난다. 동계 올림픽의 봅슬레이 경기장처럼 만들어 놓은 길을 가죽부대를 아랫도리에 두르고 미끄러져 아래로 가는 길이다 자연도 돈 앞에서는 무력하다. 관광 수입을 늘리기 위해 놀이 기구 화하는 발상이 참으로 놀랍다. 협곡 아래로 내려와 계곡을 따라 비룡폭포를 지나 산중 호수인 신천호로 나간다. 호수에서 유람선을 타고 가이드의 안내를 들으며 다음 관광코스인 용왕 동으로 향하였다. 원래 나는 황용동이 유명하다 하여서 그 곳을 구경하고 싶었으나, 이번 패키지에는 용왕동이 들어 있다하여 그 곳으로 갔다. 동굴의 규모는 길이가 30킬로 높이가 50미터로 중국 제일의 지하 덩굴이었다. 종류석과 석순들의 크기가 어떤 것은 몇 미터씩 되어 보였다. 특히 천하제일 기둥이라는 용왕보주의 위용은 3억8천만년이라는 무량한 시간이 형상으로 나타난 듯 그저 침묵할 뿐 말이 잠긴다. 용왕 동을 끝으로 광활한 대륙의 첫날이 지나갔다.

다음날 새벽부터 비가 내렸다. 원체 습한 지역이긴 하나 맑은 날씨를 보지 못함이 아쉬웠다. 그러나 비와 안개가 운치를 더하니 또 다른 감흥으로 천자 산으로 향하였다.

케이블카를 타고 하늘로 오르니 주위에 온통 비죽비죽한 봉우리라, 나타났다 사라지고 다시 설핏 비치면서 사람의 혼을 뺀다. 아스라한 벼랑과 낭떠러지에 놀라면서 삭도장에 도착하니 먼저 양가 계부터 구경하자고 가이드가 이끈다. 양가계는 바위 봉우리를 아래와 옆에서 구경할 수 있도록 벼랑으로 난 길을 따라 걷는 코스다. 길이 험하여 노약자는 걷기가 위험하다. 가마꾼들이 그런 사람들을 호객하는데 생존의 험함이 자연의 험함보다 못지않아 절로 탄식이 났다.

바위 봉우리는 사암인데 처음부터 따로 형성된 것이 아니라, 물속에서 솟아난 커다란 바위벽이 침식되어 쪼개지면서 3천개의 봉우리로 갈라졌다. 그러니 인간의 상상력으로 조화를 헤아리기 어렵다. 봉우리와 바위 틈새에는 소나무들이 가지를 뻗고 있는데 솔의 푸른빛과 바위의 회색빛이 기묘하게 어울렸다. 가까이에 있는 봉우리와 멀리 둘러쳐진 직벽의 장엄함에 경탄하며 걷다보면 오룡채가 나온다. 옛날 산적들의 소굴이라고 하는데 한사람이 막아서면 만사람이 지나가지 못할 요충지다. 몸 하나 겨우 빠져나갈 협로를 지나 산길이 끝날 즈음에 천파부가 있다.

송나라 충신 양가장의 저택 천파부 유적이라 하여 그렇게 이름지었다고 한다. 전망대는 바위 봉우리위에 세워놓았는데 협곡 아래를 내려 보며 출렁다리를 지나 다시 철제 사다리 계단을 올라야 한다.

비가 와서 미끈거리는 철 사다리를 부들거리며 잡고 오르니 갑자기 아찔한 풍경이 눈앞에 확 다가왔다. 안개가 유유히 흘러 다니는 저편으로 거대한 벽이 천계를 가로막듯 서 있고, 멀리인지, 가까인지 아득한 곳에 불그스름한 꽃 숲이었던가? 아니면 푸른 봉우리였던가? 그저 황망하다. 비는 시야를 흐리고 희부연 기운이 음울하다. 아름답다 말하기엔 두렵고, 괴이하다 하기엔 신비롭다. 혹시 오지 말아야 할 곳에 온 것은 아닌지, 무서움에 가슴이 후들거린다. 내려다보면 깊은 계곡이요 올려다보면 안개와 구름이라, 그 사이에 바위와 낭떠러지가 떠다니니 여기는 사람 사는 곳이 아니요 신선이 사는 곳도 아니다.

다만 천파부라 이르되, 알려지지 않아야 할 세외의 비경이다.

놀란 가슴으로 천파부를 내려와서 향한 곳은 원가계였다. 제임스 카메론의 영화 아바타가 촬영된 곳이었다. 양가계가 아래에서 석봉들을 보았다면 원가계는 위에서 전경으로 내려다보는 곳이었다. 일망무제한 돌기둥의 숲이 구름 사이로 떠있는 듯 도저히 현세의 풍경이라고 믿을 수 없는 광경이었다. 토가족의 천자가 사용했다는 어필봉, 선녀가 꽃을 뿌린다는 선녀 헌화의 이름 짓기 또한 부질없어 보였다. 이미 이곳은 인간세가 아닌데 어리석은 이름을 지은들 더러운 속진만 더할 뿐. 겁의 시간이 흘러간 이곳을 어찌 설명할 수 있을까? 100년마다 옷깃이 스쳐 바위가 갈린 그 시간이 장가계이다. 그림으로 그릴 수 없고 말로도 다하지 못할 이 광경이 우리의 인연이 생기고 소멸하는 그 장소인가? 아니면 그 시간인가? 바위가 쪼개져서 3천 갑자라, 비바람이 엉켜서 나무가 되었다 바위도 되었다 하니 혼돈이 머무는 곳이라. 보아서는 안 될 풍경이며 보았다면 마땅히 두려워해야할 경이이다. 인간계도 아니고 신선계도 아니니 장량이 숨어든 세외지계이다.

오후에는 천자 산을 나와. 보봉 호를 보고 다음 날에 천문 산을 보았으나 천자 산의 감동을 따르진 못하였다. 그리고 늦은 밤에 대한 항공 전세기를 타고 새벽에 김해 공항에 도착하였다.

서유행

중국의 4대기서중에 서유기는 그중 독특한 구도를 가지고 있다. 불교를 빙자한 도교이며 도교를 빙자한 샤머니즘이다. 다층적 이야기 구조다. 하늘과 부처 땅과 물의 모든 신과 정령의 고통과 욕망 그리고 해탈을 아우르는 장대한 서사이다. 그 중심에 손오공이 있다. 영화와 만화 소설 모든 엔터테인먼트의 주인공이며 무수한 해석이 가능한 캐릭터이다. 원숭이면서 돌에서 태어난 정령이고, 왕이면서 시종이다. 또한 부처에 의해 갇힌 자이며 부처에 의해 구원 받은 자이다. 그 과정에 구구는 팔십일, 여든 하나의 난을 거친다. 아홉수가 완전수이니 그 수가 겹친 여든하나는 해탈의 수이다. 물과 흙과 바람과 불의 요괴가 서역으로 가는 그를 괴롭힌다. 요괴들은 손오공이 겪어내야 할 욕망의 덩어리들이다. 그 욕망들은 모두 서쪽으로 향한다.

가는 길에 화염 산이 있다. 그 불은 넘지 못할 현세의 벽이다. 우마 왕과 나찰녀는 속세의 정념이니 불로써 손오공을 괴롭힌다. 오공이 이름처럼 공 (空) 을 깨우치려면 속세의 온갖 인연을 놓아야한다. 우마 왕과 오공은 의로서 맺어진 형제이나. 의와 정도 모두 바람같이 버려야 한다. 그래서 파초선을 흔들어 정념의 불을 끈다.

서유기를 읽다 보면 우리 삶의 고난이 연상된다. 한세상 살아감이 고통을 넘는 일인데, 손오공이 걷는 서유 행은 우리가 살아가는 고단한 삶이다.

처음, 동승신주 오래국 화과 산 정상에 서 있던 돌 하나가 깨어졌을 때부터 고난은 이미 예정 되어 있었다. 사는 일이 죽음에 대한 거부로부터 시작한다면, 죽음은 삶의 시작이 된다. 수렴 동을 떠나 죽음을 반역하고자 할 때 칠십이 변환술을 가르친 보리조사의 애달픔이여 !

술수로써 영원을 얻지 못하니 번잡함만 더할 뿐. 천궁에서 얻은 제천대성이야 헛된 이름이 아니겠는가? 결국 부처에 의해 오행 산에 갇힌다.

저팔계는 갇히지 않고 버려졌다. 갇힘은 열림을 기대하지만 버려짐은 잊혀 질 뿐이다. 천궁의 선녀를 희롱하였을 때 천봉원수는 욕망이 신선의 자유보다 더 큼을 증명하였다.

색정의 아찔함과 먹는 것의 아늑함이 살아 있음의 전부일수도 있기에 잊혀 짐은 대수로운 것이 아니다. 다만 쇠스랑을 휘둘러 식색의 정을 다하지 못함을 두려워 할 뿐.

명예라고 하는 것은 이름 지어지는 순간부터 이미 팔계로부터 분리된 다른 무엇이다. 그러니 천봉원수의 이름을 뺏긴들 무슨 대수일 것인가?

코와 귀가 돼지의 탈로 씌워 졌으니 자신에 대하여 굳이 변명할 필요는 없다. 지나가는 누구라도 저팔계가 가진 욕망의 두께를 알 수 있을 것이다. 그래서 팔계는 정직하다.

여인국에서 팔계의 겨드랑이를 잡고 놓지 않았다면 굳이 서역으로 갈 이유가 있겠는가? 서른여섯 변화의 천강수로 하늘의 삶은 얻지 못하나 땅의 삶은 얻었으니 부른 배와 매끄러운 비단으로 윤회를 즐길 뿐 영원한 해탈은 바라는바가 아니다. 관음에 의해 서역의 길을 걸으나 인연의 끈이 너무 길다.

사오정은 물의 요괴이다 오정도 원래는 옥황상제의 신하. 천궁의 권렴대장이었다. 그는 손오공처럼 반항하지도 않고 팔계처럼 현실에 적응하지도 않는다. 오정은 단지 복종할 뿐이다. 천궁에서 내쳐질 때도 그는 순응했고 유사하의 물가에 살 때도 주어진 대로 살았다.

그가 하는 일은 단지 기다림. 윤회가 그쳐져 오정의 운명을 건져 올릴 때 까지. 설혹 그날이 오지 않는 날들이라 하더라도 오정은 단지 기다린다. 손오공이 그의 작대기를 쳐서 떨어뜨리고 관음이 불렀을 때에도 오정이 가는 서역은 그가 짊어져야 할 짐 같은 길이었다.

당 삼장 은 속명이 진현장이다. 아버지는 도둑에게 죽고 어머니는 그 도둑에게 겁탈당한 비극의 주인공이다. 그래서 그의 시작은 돌과 같은 차가운 현실이었다. 비극을 용서하기 위해 경을 외우고 비극을 이해하기 위해 서역으로 향했다. 그의 서역은 구원의 길이었다.

반항과 정념과 체념의 고뇌를 다스려 이 모든 것으로부터 자유로워 질 때 마침내 당 삼장이 될 것이다. 일흔 두 가지 지살수와 서른 여섯 천강 수는 백팔 번뇌의 다른 이름이니 번뇌야 말로 서유행의 동반자이다. 일신에 품은 속세의 재능이 부처의 손가락이 되어 진현장을 가두나 다행히 관음을 만나 서역으로 간다. 진 현장과 손오공, 저팔계와 사오정은 서로 다른 이름이 아니니 구구는 팔십일의 난을 지나 마침내 당 삼장이 된다.

주성치의 선리기연은 서유 행을 월광보합이라는 타임머신을 통해 시간을 오가는 정한의 여행으로 그려낸다. 손오공은 서유 행을 하기 이전에 자신이 손오공임을 알지 못한다. 그는 다만 정에 사로잡힌 중생일 뿐이었다. 마침내 정과 욕념의 고통을 끊고서야 제천대성은 서역으로 간다. 떠나기 전에 모래 바람을 일으켜 정념의 연인을 맺어준다. 주성치가 서유기를 정과 번뇌의 아우성으로 읽은 코드는 수긍이 간다.

정이 다한 곳에 다시 정이 있으니 도를 얻었음이 번뇌의 끝인지 망각인지 윤회와 인연은 알 길이 없다.

이것이 서유기의 이야기이다. 나는 만나지 못한 오 승은에게 돈수하며, 당 삼장에게 배례 한다. 이야기는 길지만 하루 밤 꿈같고 변화무쌍함은 사람의 마음 같다.

우리의 살아감이 길지 않으면서도 요사스런 바람은 왜 이다지 많은가? 단지 조심하며 옛 이야기에 귀를 기우릴 뿐이다.

바람 한줄기 되고 싶다

일탈을 꿈꾼다.

아침에 일어나 어제와 다름없이 일터에 나가야 한다는 생각이 들 때, 사무실에 앉아 무료한 작업을 반복하고 있는 자신을 볼 때. 친구와 선술집에 앉아 시시콜콜한 이야기를 하다가도 문득 그가 낯설게 느껴질 때. 휴일 날 집안에서 빈둥거리는데 마누라가 게으름 부린다고 잔소리하며 덮고 있는 이부자리를 거둬 치울 때. 연탄재 발로 차지 말라는 시인의 시구를 읽으며, 연탄재 하는 일이 원래 그런 거라고 중얼거려질 때. 산다는 것이 버려진 조개껍데기처럼 시시껄렁하고, 봄날 햇볕의 무심함 마저 질려 버릴 때.

바람이고 싶다. 무당산 어린 도인이 유유자적이 치는 북소리 같은 바람이고 싶다.

요설과 다변에 익숙지 않고,무의미를 의미 있는 것처럼 둔갑시키지 않으며, 잘났느니 못났느니 시시비비 따지지 않는 바보스런 사람. 주식투자는 어떻게 하고, 사람은 어떻게 만나며, 명함에 이력 한두 줄 어떻게 더 쓸 것인지 머리 싸매지 않는 사람.

남 보다 재물 하나 더 가지려고 눈을 부라리고, 혹시 손해 보지 않을까 주위를 살피며 전전긍긍하지 않는 사람. 권세 있는 자에게 줄을 대는 것은 고사하고 권세 있는 자가 누구인지 조차도 모르는 사람. 그런 어리석은 바람이고 싶다.

시인 천상병을 생각한다. 가난하지만 누구보다 삶을 사랑했던 시인을 생각한다. 1,000원 짜리 한 장과 막걸리 한잔, 따뜻한 햇볕 한 가닥. 그것만으로도 행복했었던 천치 같은 바람 한 줄기 보고 싶다. 난해하고 번잡스런 시어 일랑 저만치 밀쳐놓고, 이 세상 소풍 아름다웠노라고 말하는 목소리가 듣고 싶다. 심즉행 행즉심이라 그의 생은 이렇게 침묵으로 말한다. 혼자 다 가진들 무슨 재미 있으리오. 1,000원 짜리 한 장이라도 나누면 기쁨 또한 크지 않은가? 혼자 아는 체 한들 무슨 즐거움 있으리오. 솔직 담백히 말하면 알기 쉽지 않은가?

바람은 나는 것이 아니다. 다만 불어 갈 뿐이다. 자유로워 지기위해 새처럼 날갯짓을 해야 할 필요도 없다. 본시 자유롭기 때문이다. 집착하지 않는다. 집착한다면 이미 바람이 아니다. 욕망하지도 않는다. 욕망은 바람의 덫이기 때문이다.

집착과 욕망과 번거로움은 바람의 본성이 아니다. 단지 소요하고 유유히 흘러 갈 뿐! 그런 바람을 일상 속에서 나는 꿈꾼다.

스스로가 바람인양 하는 이들이 있다.

관대한척 하면서 가난한 자의 호주머니나 노리고, 희생하지 아니하면서 희생 하는 체 하고, 글과 말로 고상한 이야기는 다하면서 남의 약점이나 들쑤시는 사람.

깨끗하다, 깨끗하다 버릇처럼 뇌이면서 탐욕의 구렁텅이에서 헤어나지 못하는 사람.

그런 사람에게 바람 한줄기 시원하게 불었으면 좋겠다.

선가의 승려 탄산이 젊었을 때의 이야기이다. 비가 내리는 어느 날 탄산은 동료와 함께 탁발을 다니다가 예쁜 여자가 진흙길을 건너 갈 수가 없어 당황해 하고 있는 모습을 보았다.

"낭자 제가 안아서 건네 드리지요." 탄산은 거침없이 말하면서 여인을 안고 진흙길 저편으로 건네주었다. 날이 어두워져 절에 도착 할 때 까지 한마디도 하지 않던 동료 승려가 더 이상은 참을 수 없다는 듯이 말했다.

"출가한 승려는 여색을 가까이 하지 말아야 하며, 특히 젊고 아름다운 여성일 때는 더욱 경계해야 하네. 자네는 왜 그 여인을 안았나?"

"아! 그 여인 말인가? 나는 거기에 내려 놨는데 자네는 여태까지 안고 왔었나?"

탄산 스님과 같은 경계를 가지기엔 나와 같이 속된 사람은 멀리서 고개만 조아릴 뿐, 감히 무어라 말하기도 어렵다. 그러나 평범한 하루하루를 살아가는 범부일지라도 시원한 바람 한줄기 어찌 소망할 수 없으랴?

때때로 마음의 칼 한 자루를 꺼내 탁자를 두들기며 강호를 떠나겠노라고 흰 소리 한번 쳐 볼일이다. 비록 내일 아침에 취해 쓰라린 속을 부비며 출근하는 일이 있을 지라도 말이다.

빈 터

2월이다. 겨울은 지나가지 않았다. 거리에 부는 바람은 아직 차갑다. 지하철의 쇠바퀴가 레일을 긁는 소리처럼 찬 기운은 스산하게 목덜미를 친다. 그래도 봄은 올 모양이다. 옷가게 쇼 윈도우에는 봄옷이 걸리고 겨울 상품 50% 세일 한다는 광고지를 창에 붙여 놓았다. 아파트 베란다 유리창으로 비치는 햇살도 제법 나른하다. 계절이 바뀌는 날들이다. 겨울과 봄의 경계선, 그 어디쯤엔가 있는 빈터. 아마 2월의 달력이 머무는 자리일 것이다.

집 앞 도로가에서 조금 들어간 골목에 빈 터가 있었다. 평수가 줄잡아 이백여 평은 넘어 보여 묵혀 두기에는 아깝다는 생각을 하고 있었다. 하지만 시내도 아닌 변두리 동네에서 건물을 세우기에는 지주의 부담도 크겠지 하는 막연한 추측만 하고 지나 다녔다.

그러다 이태 전 어느 여름날, 빈 터 한 귀퉁이에 키워놓은 채소를 캐던 땅 주인 할머니에게 말을 붙이다 푸성귀를 한 움큼 얻은 적이 있다. 공으로 얻어 가기가 면구스러워 땅 이야기를 꺼내 보았다. 할머니는 기다렸다는 듯이 자랑스러운 표정으로 이야기를 꺼냈다. 자신은 그 땅에서 평생 농사를 지어 왔지만 좀 있으면 건물을 세워 집세 받아 편히 살 거라며 「우리 자식들이 팔지 말고 빌딩 세우라 하네! 여기가 많이 발전할거라면서. 지금 팔아도 땅값이 수월찮은데 말이여.」 그러더니 나에게 어디 사느냐고 묻는다. 건너편 작은 아파트에서 산다고 대답하려다 얼버무리고 말았다. 그 뒤 얼마 지나지 않아서다. 공터에 집 짓는 소리가 뚝딱뚝딱 들리더니 집 모양이 드러나기 시작했다. 처음엔 단층 상가 건물이나 지으려니 했는데 올라가는 모습을 보니 심상찮다.

완성된 건물은 할머니의 말대로 6층짜리 현대식 상가 빌딩이었다. 그런데 문제가 생겼다. 가뜩이나 시원찮은 경기에 하루걸러 가게 주인이 바뀌는 우리 동네라 그래서인지, 신축 건물의 세입자가 들어오지 않는 것이었다. 도로가도 아니고 골목으로 들어가야 되는 입지 조건도 불리했다. 남의 일이긴 하지만 은근히 걱정이 됐다. 부자 소리 들어가며 집세 받아 편안히 살 꿈에 부풀던 할머니가 생각났다. 건축비가 적게 들지는 않았을 텐데 은행 융자라도 받았으면 감당을 어떻게 할지, 참 난감한 일 이었다. 그러다 며칠 전 「유치권을 실행중이니 외부인은 출입을 통제 한다」고 쓴 현수막이 상가 벽면에 붙어 있는 모습을 보게 되었다.

살아가면서 욕심을 부릴 때가 있다. 나 역시 무리한 욕심을 내다가 실패하여 후회의 상처를 부둥켜안은 적이 여러 번이다. 고되고 힘든 생활에서 벗어나 넉넉한 삶을 누리고자 함은 살아있는 모든 이의 바램이리라! 하지만 지나치게 욕망을 가득 채우려고 하면 흘러내리기 쉽다. 다 채우지 않고 비워진 부분을 두어야 한다. 무소유를 이야기 하던 법정 스님의 말씀도 그와 같은 뜻이 아닌가 보여진다.

자연도 순환하면서 채움과 비움을 교차해 나간다. 빈 공간이 생명을 키우고 생명은 다시 빈 공간이 된다. 인간의 삶 역시 여기에서 비켜 날 수 없다. 그럼에도 채움의 갈증에서 벗어나지 못하는 우리는 어쩔 수 없는 중생이라서 일까?

마음이 비워져 있는 사람의 얼굴을 보면 부드럽다. 굳이 부처님이나 예수님을 찾지 않더라도 자신의 삶을 자연스럽게 받아들인 사람의 얼굴에서는 고요한 평화가 느껴진다. 그런 사람들과 이야기를 나누면 맑은 차 한 잔 마신듯 청량한 기분이 든다. 수묵화 감상에도 여백이 가지는 아름다움을 보라는 동양화 수집가의 충고를 들은 적이 있다. 그 말을 들어서인지 화첩에서 세한도를 보았을 때 갈필로 그려진 소나무와 흐릿한 집의 풍경 보다는 수묵 밖의 빈 화선지에서 몸서리 쳐지는 쓸쓸함이 느껴졌다. 추사의 그림만 여백을 그린 것은 아니다. 서양의 피카소도 말년엔 간결한 선 몇 개로 대상의 이미지를 표현하기도 했다. 선을 그리되 선 밖의 선을 표현 하는 세계. 나와 대상물이 마주치는 장소가 빈터가 아닌지 나름 해석한다.

땅 주인 할머니의 빈 터는 어디였을지 생각을 해 본다. 워낭소리라는 영화에서 울리던 소의 방울 소리가 시골 노인의 빈 터였듯이, 땅 주인 할머니의 빈 터는 여름날 내 손에 쥐어주던 푸성귀가 아니었을까? 타는 햇빛과 시원한 빗소리를 같이 했던 그 땅에서 자라난 푸른 잎사귀들이 할머니의 워낭 소리였을 것이다.

비우지 않으면 소리가 나지 않는다. 가냘픈 해금소리나 현란한 바이올린 소리도 울림통이 없으면 소리를 내지 못한다. 비어 있으므로 공명하고, 공명함으로써 느낌을 주고받게 된다. 서로의 마음이 오고감을 소통이라 한다면 소통의 공간은 빈 터 이지 싶다. 마음을 비우고 상대의 말을 듣지 않으면 전달 하고자 하는 뜻을 정확히 받아들이기 어렵다. 자신이 가진 편견으로 말을 자르고 붙여 듣기 때문이다. 그러다 보면 오해도 하고 상처도 입게 된다. 뒤 돌아 보면 아집으로 인한 다툼이 얼마나 많았던가? 불가의 가르침에 「무문관」이란 공안이 있다. 무자 화두를 통하여 견성하고, 견성하면 성불한다고 한다. 없음을 깨달아야 본성에 도달한다고 가르친다. 그러나 나는 무자를 붙잡기 이전에 무자부터 비워야 하는 것은 아닌지 하는 생각이 든다. 완전한 무도 없고 완전한 유도 없다. 우리는 그 사이의 빈 터에 서있는 존재라고 부처님이 설법 하신 것은 아닌지?

나이가 들어가면서 빈 터가 가지는 의미를 조금이나마 알 것만 같다. 소멸의 땅에서 생명을 키우는 대지로 인도하는 2월 역시 자연의 한 빈 터라는 생각도 해본다.

친구들도 버려가며 살아가야 한다고 버릇처럼 이야기한다. 순리

대로 살아가자는 뜻 일게다. 매스컴이나 강연회에서도 그런 말은 무성하다. 이 시대의 화두 중 하나인 듯하다. 뜻은 알지만 행동은 그렇게 되지 않는다. 주위 사람 사는 모습을 둘러 봐도 그렇다. 자연은 오고 갈 때를 알려 주지만 삶의 순간들은 불안정하기 때문이다. 다가올 날들을 알 지 못하는 불안감이 욕심을 멈추게 하지 못한다. 갈등의 경계를 넘어서기란 참으로 어렵다. 그래도 어떡하겠는가? 장자처럼 소요하진 못하여도 겨울과 봄 사이 동백 꽃 피는 이월이 있다는 건 기억해 두어야 하지 않겠는가?

골목여행

늦은 밤 TV 채널을 무심히 돌리다 우리 도시의 골목길을 소개하는 프로그램에 손길이 멈췄다. 도심의 뒤편에 옛 모습 그대로 여전히 그 자리에 있는 동네 구멍가게와 이발소. 방앗간. 그 속에 고장난 시계처럼 머물러 있는 사람들. 카메라는 그 길을 따라 천천히 흘러 다닌다. 지나간 시간을 여행하는 기분이다.

뜻 없이 지나친 일상의 자리에 저런 시간이 감춰져 있다. 이발소 큰 의자에 엉거주춤 앉아 있는 사내아이는 어릴 적 할머니 손에 이끌려 박박 머리를 깎던 내 모습 같다. 주름진 손으로 동전을 헤아려 손님에게 건네주는 저 영감은 어린 시절 그때 사탕 한 알 더 얹어주던 그 아저씨와 비슷하다. 해바라기 꽃 하나, 사금파리 꽂아놓은 담장 너머로 고개 내민 저 집은 우리 친구 창호 집으로 보인다.

지나간 날들은 모두 사라진 줄로 잊고 있었는데 문득 보니 모두 제 자리에 있다. 그런데도 그들을 보지 못했던 것은 하루를 살아야 한다는 각박함에 사로잡혔기 때문이다. 이 도시에서 이름표 하나 출석부에 올려놓으려면, 나날을 긴장하고 살아야 한다. 평범한 소시민이 가족을 먹여 살리고 작은 집 한 칸이라도 베고 누우려면 머릿속에 이런 저런 여유를 가지기가 어렵다. 눈을 뜨면 가야 할 곳은 늘 그 자리다. 나날을 보내는 시간도 항상 오늘이란 시간이다. 어제 저녁 하늘에 뜬 달이 무슨 달이었던가. 그런 생각 해본지도 오래 됐다. 주위에 만나는 사람들도 그렇다. 퇴근하고 돌리는 소주잔에 비친 불빛은 알아도 달빛은 모른다. 강물 소리 들으며 살자고 김 용택 시인의 시를 들먹이던 한 친구는 직장에서 쫓겨나 시골로 갔는데 소식 끊긴지도 오래됐다. 그래도 가끔 쓸쓸해진다. 오늘 저녁처럼 골목길을 비춰주는 영상이라도 만나면 마음 한구석이 허전해진다.

골목은 나에게 있어 향수이다. 어제란 날들의 기억이며 내 몸의 흔적이다. 그 곳에서는 서로를 언니 동생이며 돌이, 순이의 아버지 어머니로 불렀다. 어느 집이 가진 것이 더 많다거나 적다는 것에 대해 치열한 다툼을 할 필요도 없었다. 모두 고만고만한 살림살이며 그만그만한 지붕을 이고 있었다. 이웃 집 밥솥에 쌀이 익는지 보리가 타는지 우리는 다 알았다. 부부 싸움 소리가 울타리를 넘어도 사람 사는 게 다 그런 거라고 웃고 넘어갔다. 아침은 두부장수 종소리에 모이고 저녁엔 마실을 다녔다. 가슴에 생채기가 있으면 옆집 행

주로 닦아내고 이웃집 가난은 내 가난으로 물을 타서 마시고 헛기침 한번 했다. 굳이 산을 찾을 필요가 어디 있으랴? 발 딛고 있는 땅이 산 등짝이요, 계단으로 길을 낸 자리는 산의 갈빗대다. 외롭다고 말함은 골목에선 사치다. 산 사람은 살아야 한다는 게 그곳의 이치니까.

살아간다는 일은 몸을 부대끼는 일 이라 는걸. 요즘 사람들은 잊었나 보다. 혼자 있으려고 한다. 아파트라는 벽체 속에 틀어박혀 저혼자만의 소통을 한다. 바깥으로의 마실을 통해 존재를 주고받는 것이 아니라 보이지 않는 전파를 통해 자신을 연결해 나간다. 소통은 연결이 아니다. 노동에 지친 가쁜 숨소리, 세월에 부딪쳐 오그라진 살 주름. 후끈대는 몸의 온기. 이 모든 살아 있음을 통째로 부딪치는 일이 소통이라 불리는 말이 있어야 할 자리가 아닐까?

현대 산업화된 사회에서 밥벌이 하는 자들의 생활은 단조롭고 바쁘다. 반복되며 규격화된 노동이 매일 계속되어진다. 건조한 일상성에 지친 사람들은 먼 여행을 꿈꾼다. 자신이 먹고 자는 익숙한 공간으로부터 벗어나 다른 세계의 이방인이 되고 싶어 한다. 그 곳에서는 삶의 주체가 아니고 호기심 서린 관객이 되어 다른 사람의 삶을 훔쳐보아도 무방하기 때문이다. 짧으면 사나흘, 길면 보름 정도의 낯선 장소를 구경하는 대신 노동의 대가로 얻은 지갑을 연다. 여행지에서도 그들은 바쁘다. 지불한 화폐의 크기만큼 낯선 호기심을 충족시키기 위해 여기저기 돌아다니고 셔터를 눌러대기에 여념이 없다. 돌아와서 그들에게 남는 것은 낯선 장소에 대한 기록일 뿐이다. 여행이 나와 타자의 거리를 확인하는 이동의 길이 될 수는 없다.

다른 시간. 먼 공간에 있는 사물이라 할지라도 나와 다른 존재가 아니라는 소통의 과정을 여행이라 불러야 마땅하지 않을까?

우리는 모두 골목에서 왔다. 어머니의 몸속에 난 작은 골목길을 따라 세상 밖으로 나왔다. 길 밖에서 다시 골목을 만난다.

사람이 밥을 끓이고 코를 고는 공간이 집이라고 한다면 집과 집 사이의 공간은 골목이다. 골목에서 우리는 만나고 다투고 화해하면서 같이 살아가는 법을 배웠다. 상대의 아픔을 느끼고 내 비명을 전달하는 통로가 골목이었다. 통로는 열려진 공간이다. 하늘로도 땅으로도 이어져서 막히지 않아야한다. 내가 자란 가난한 동리에도 골목은 계단을 따라 신작로로 이어지고 산길로도 통하였다.

좁고 땀 냄새 나는 골목이 싫어 커다란 집 속에 혼자 사는 친구들아! 너 사는 곳에 골목이 없다고 말하지 말아다오. 오늘 아침에도 골목에서 달려 나온 영감님의 자전거가 담 안으로 신문 한 장 던져놓고 갔으니.

연탄 100장

산길을 내려오다 길을 잘못 들어섰다. 도심을 가로 지른 근교 산이라서 마음을 놓은 탓도 있겠지만, 초겨울 산의 허전함에 젖어 마음이 비어버린 탓일 것이다. 낙엽이 지고 난 뒤의 산은 고요하다. 힘든 밭일을 마치고 집으로 돌아가는 농부처럼 적요하다. 나무는 나무대로, 바위는 바위대로 원래의 맨몸으로 돌아가, 더 이상 자신을 치장하려고 하지 않는다. 덤덤히 제 자리에 서서 겨울을 마주할 뿐이다.

산의 말없음에 빠져 길 따라 길을 걷다보니 강변으로 하산해야 할 것이 시내 방향으로 내려가게 되었나 보다. 제대로 길을 찾았으면 대학의 강의동과 새로 지은 아파트의 세련된 모습이 보일만한 산 중턱 어림쯤에 왔을 때였다. 솔숲을 벗어나자 갑자기 마을이 나타났다. 슬레이트와 블록으로 지어진 오래된 집들이 좁은 계단을 따라 양쪽으로 구불구불 내려가고 있었다. 낯설지 않은 모습이다. 내 유년과 소년시절을 보낸, 오래전의 기억도 아니면서 아주 오래된 기억처럼 느껴지는 풍경이다. 계단을 따라 내려가며 붉은 칠이 푸석푸석 벗겨진 철 대문 안쪽을 슬며시 엿보았다. 나이든 아주머니와 장년의 남자 가 무엇인가를 승강이 하고 있다. 남자는 땀과 연탄재에 젖은 얼굴을 연신 주먹으로 훔치며 무언가를 자꾸만 사양한다. 호기심에 잠시 듣고 있으려니 아주머니가 연탄을 백장이나 높은 곳에 운반해 준 것이 고마워 천 원 한 장을 손에 더 쥐어 주려는 것을 남자가 뿌리치고 있는 모양이다.

연탄 백장. 그것은 어머니의 겨우살이 준비에서도 큰 몫을 차지하는 부분 이었다. 어린 시절의 겨울은 길고도 추웠다. 엷게 쌓은 블록에서 새어 들어오는 냉기와 창틀의 틈사이로 파고드는 칼바람을 막기 위해 신문지를 풀칠해서 문설주와 문지방, 창문 가장자리에 붙여도 외풍은 여지없이 방안으로 들어왔다. 도시에 살다보니 시골처럼 장작이나 솔개비도 쓸 수 없고, 지금처럼 가스도 대중화 되지 않은 당시에는 연탄이 서민들의 값싼 연료였다. 시커멓고 둥글면서 가운데 숭숭 뚫린 구멍을 낸 구공탄을 화덕에 넣어 불을 지피면 아랫목부터 슬슬 덥혀져 왔다. 그래도 바닥만 따뜻하고 방안 공기까지는 덥혀지지 않아 방바닥엔 아랫목을 중심으로 이불을 덮어 놓았다. 이불 속엔 퇴근해서 늦게 들어오는 아버지에게 드릴 쌀밥 한 그릇이 따뜻하게 덥혀졌고, 형제들이 밀치고 들어 온 발가락들이 토

닥거리면서 가족임을 확인했다.

어머니의 셈법으로는 한 겨울 석 달을 편안히 지내려면 연탄 백장이 필요했다.

물론 아무리 아껴서 때더라도 하루에 두 장 이상은 아궁이에 들어가니 백장 가지고는 석 달을 지내지 못한다는 것은 어머니도 안다. 그러나 연탄 백장을 창고에 그득히 쌓을 때의 어머니의 행복함은 그러한 산수로는 이해 할 수 없는 것이다. 아이들과 남편을 한동안 추위에 떨게 하지 않을 수 있다는 자신감. 연탄 한두 장을 새끼줄에 매달고 다니지 않아도 된다는 안도감. 그러한 모든 달콤함이 어우러진 행복이 어머니의 연탄 백장이었을 것이다.

지금 저 아주머니는 어머니가 느꼈던 그러한 행복감을 나누고 싶은 것이다. 그리고 연탄을 배달한 남자는 이 산동네 아주머니가 가지는 천 원 한 장의 무게를 알기 때문이다. 행복은 이렇게 서로를 배려함에 있는 것이다. 입으로서 말하는 것이 아니고 몸짓 속에 있는 것이다. 겨울 산이 온갖 수다와 화려함으로 말을 걸지 않아도 그 고요함으로 사람의 마음을 편안하게 하듯이.

연탄은 사용하기에 편리한 연료는 아니다. 불을 지피려면 아궁이 속에서 타고 있는 연탄 위에 한 장을 더 얹어 각각 뚫린 구멍을 잘 맞춰 주어야 한다. 그렇지 못하면 불을 꺼뜨리기 십상이며, 이리저리 불구멍을 맞추다가 연탄을 아예 깨어버리기도 한다. 그런 날의 저녁은 무척 춥다. 어머니가 날 찾을 때 까지 숨어 있어야 하기 때문이다. 벼락은 일시 피하는 것이 좋지 않은가? 어머니가 날 찾으러

다니실 때는 하늘에 별이 뜰 무렵이다. 그 무렵이면 나는 우리 집 담 밖으로 비죽이 올라 와 있는 굴뚝을 안고 연탄이 뿜어내는 온기에 몸을 의탁하고 있다. 그러면서 추위를 잊기 위해 밥상 위에 올려놓았을 숟가락의 개수를 헤아려 본다. 그리고 어머니가 장에서 사 오신 고등어를 내 동생이 다 먹지 않았기를 빌어 본다.

요즈음의 도시 사람들은, 내가 어렸을 때처럼 연탄을 난방이나 취사용 연료로서 많이 사용하고 있지는 않다. 가스나 기름 혹은 전기를 주로 사용하고 있다. 잘 살기도 하려니와 편리함과 기능적 측면에서 앞서기에 그럴 것이다. 그러나 사람 사는 것은 정으로 사는 것이다. 정이란 서로를 위해 불편함을 기꺼이 감수하는 수고로움이며, 이치에 맞추는 냉정함 보다 다투면서 부대끼는 살 냄새이다. 산다는 것은 뜨거운 연탄불에 상처를 입기도 하고, 누런 족자도 만들어 먹으면서 기억하고 사랑하는 것이다. 편리라는 문명의 외투를 입고서 어떻게 정을 주고 정을 받을 것인가? 때로는 그 무거운 겉옷을 벗어버리고 맨몸으로 서야한다.

연탄을 생각한다. 숭숭 뚫린 배꼽 맞추지 못하면 식어 버리는 연탄 한 장 생각한다.

그 산길을 내려와 솔숲을 지나면 마을이 보인다. 슬레이트 지붕과 녹슨 철문 열어 놓은 사람 사는 집들이다. 무릉도원처럼 복숭아꽃은 피지 않았어도 연탄 오르내리는 길 하나는 뚫려 있다.

열쇠

열쇠를 잃어버렸다. 어젯밤 술자리에서 떨어뜨려 버렸는지 모르겠다. 아니면 집으로 오는 택시 안에서 흘렸는지도 알 수 없다. 잃어버린 열쇠는 한 개가 아니다. 열쇠고리에 달려있는 것을 헤아려보면 네 개 혹은 다섯 개인 듯도 하다. 어찌됐든 열쇠를 잃어버린 오늘 아침은 난감하다. 일상의 시작이 비틀려졌다.

열쇠가 없으니 내 몸의 한 부분이 빠져 나간 듯 공허감이 든다. 언제부터인지 열쇠가 없으면 불안해졌다. 사회에 처음 나와서는 한동안 열쇠를 가져야 할 일이 없었던 것 같다. 신혼집도 골목길에 있던 방 한 칸짜리였다. 문을 잠가야 할 만큼 지킬 물건이 없으니 열쇠가 필요 없었다. 사무실 책상이나 캐비닛도 숨길만한 비밀이 없어서 열어놓고 다녔다. 열쇠가 하나씩 늘어난 것은 세상살이에 익숙해지면서 부터다. 처음엔 집 열쇠였다. 작은 아파트를 소유하면서 셋집 주인과의 보증금 다툼에서 자유로워졌다. 다음엔 차를 가졌다. 차는 혼자 있을 수 있게 했다. 일터로 가고 오는 길에 나는 창으로 바깥과 분리되어 있었다. 버스나 지하철을 타면서 사람들을 밀거나 떠밀리는 혼잡과 부자유에서 벗어났다. 열쇠를 통해 타인과 나의 경계선을 그었다. 접근할 수 있는 자와 다가설 수 없는 자가 구분되어졌다. 열쇠가 지배하는 영역 내에서 나는 자유로워지려고 했다. 내게 있어 자유는 공간과 시간의 넓이였다. 자유를 넓히기 위해 열쇠의 숫자는 늘어나야만 했다.

땅에 발 딛고 사는 자의 고단한 일상에서 달아나려고 했다. 물질에서 벗어날 수 없는 인간이라는 것을 알기에 비워지지 않는 화수분이 있어야 한다고 믿었다. 욕망의 빗장을 열기 위해서는 열쇠가 필요했다. 처음엔 한 개의 열쇠만 있으면 삶의 답답함에서 벗어날 수 있다고 생각했다. 작은 집 한 채만 가질 수 있다면 결핍의 덫이 나를 놓아 주리라고 믿었다. 그러나 하나의 열쇠로는 욕망으로부터 달아날 수 없었다. 살면서 항상 무언가가 부족했다. 열쇠 하나를 더 얻을 때마다 사막을 걷는 사람처럼 갈증은 없어지지 않고 더 커져갔다. 작은 집을 가지면 큰 집을 기웃거렸고 소형 자동차를 가지면 더 빠르고 힘센 차를 동경했다. 어쩌면 물질을 추구하는 이 사회가 열쇠를 강요 하는지도 알 수 없다. 간혹, 어느 모임이라도 나가보면 가진 사람들과 못 가진 사람들의 대화는 엉킨다. 처음엔 규격화된 이야기를 풀어내지만 공유할 수 있는 대화는 많지 않다. 반복되는 이야기에 싫증이 나면 사람들은 가진 열쇠를 탁자위에 내어 놓기 시작한다. 그러다, 밤이 늦으면 떠난 자는 쓸쓸하고 남은 자는 공허해진다.

내가 사회에 처음 나왔을 때 이 세상은 같은 평면위에 놓인 열려진 공간이 아니었다. 구획되고, 닫힌 각각의 세계가 상자처럼 늘어서 있었다. 다른 상자를 열어 보려고 했다. 그 안에 들어 있을 자유와 쾌락의 크기를 확인하고 싶었다. 열쇠를 얻기 위해, 때로는 진실에 눈감고 거짓의 혀를 꺼냈다. 그런데 행복하지 않았다. 자유롭지도 않았다. 삶의 피로감만 내 어깨를 눌렀다.

오늘 아침 주머니를 뒤지니 열쇠가 만져지지 않았다. 취기에 젖은 머릿속이 아파왔다. 당연히 있어야 할 소유물이 없어져 버린 황당함이 자책과 분노로 돌아왔다. 한참을 그렇게 서 있었다. 그러다 문득 그것들이 없어도 오늘 아침 나는 출근할 수 있고, 아내는 여전히 따듯한 밥을 식탁위에 차려 놓았다는 생각이 들었다. 소유에 대한 집착이 또 하나의 속박은 아닌지? 자유로워지기 위하여 있어야 할 열쇠가 오히려 자신을 채우는 족쇄는 아닌지 의문이 들었다. 몇 년 전 TV에서 본 큐브라는 영화가 머리에 떠올랐다. 탈출하기 위해 끝없이 큐브 속을 헤매는 사람들. 큐브 안에는 어느 곳에도 출구가 없었다. 하나의 밀폐된 공간을 지나고 다른 공간에 들어서도 같은 모양의 쇠로 된 상자만 연속되어 있을 뿐이었다. 열쇠도 또 다른 큐브는 아닌지 씁쓸해진다.

열쇠를 가져야만, 결핍이 주는 목마름과 불안에서 벗어나 행복해

질 수 있다는 강박 관념에 사로잡혔다. 그러나 집착이 강해질수록 걱정과 번뇌는 커져갔다. 타인과의 진정한 소통도 힘들어졌다. 소유 앞에서 우리는 서로의 벽이었다.

열쇠란 나에게 어떤 의미인지를 스스로 물어 본다.

생각해 보니 열쇠의 쓰임새는 잠그는 일에만 사용 되는 게 아니다. 잠긴 자물쇠를 열어 갇혀 있는 것들을 풀어주는 일이 더 긴요한 사용처 일지도 모른다. 조각된 모양을 보아도 그렇다. 일직선으로 뻗은 창 같은 모양으로는 열쇠가 될 수 없다. 질서 없는 불규칙적인 홈이 파여 있다. 그 홈으로 자물쇠의 파여 있는 곳과 서로 맞추어야 한다. 들어옴과 나감이 서로 어울려야 문이 열린다. 아마 삶의 열쇠도 그렇게 새겨져 있을 것이다. 서로 얽혀서 튀어 나온 곳은 보듬고 빈자리는 채우며 살도록 만들어져 있을 것이다. 그런데 언제부터인지 여는 법은 잊어버리고 잠그는 일에만 열중하게 됐다. 내가 열어야 상대도 열 터인데 잠겨있는 문만 미워했다.

출근길에 전화가 걸려 왔다. "손님"하는 전화 저편의 목소리가 들려왔다. "열쇠를 놓고 가셨더군요."이른 아침에 전화를 하게 되어서 미안하다고 말한다. 전화번호는 어젯밤 같이 술을 마셨던 친구에게 물어 보았다고 한다.

잃어버리고 다시 찾는다. 열쇠도 닫고 열기 위해 필요한 물건인데 소유하고 잠그는 일에만 열중한 나는 정말 행복한지 자신에게 묻는다.

생사지교

류 안진 시인의 에세이 중에 「지란지교를 꿈꾸며」라는 명편이 있다. 아름답고 가슴이 따뜻해지는 글이다.

「저녁을 먹고 나면 허물없이 찾아가 차 한 잔을 마시고 싶다고 말할 수 있는 친구가 있었으면 좋겠다.입은 옷을 갈아입지 않고 김치냄새가 좀 나더라도 흉보지 않을 친구가 우리 집 가까이에 있었으면 좋겠다. 비 오는 오후나 눈내리는 밤에 고무신을 끌고 찾아가도 좋을 친구, 밤늦도록 공허한 마음도 마음 놓고 보일 수 있고 악의 없이 남의 이야기를 주고받고 나서도 말이 날까 걱정되지 않는 친구가 있었으면 좋겠다. 사람이 자기 아내나 남편 제 형제나 제 자식하고만 사랑을 나눈다면 어찌 행복해 지겠는가? (중략) 우리는 푼돈을 벌기 위해 하기 싫은 일을 하지 않을 것 이며,천년

> 을 늙어도 항상 가락을 지니는 오동나무처럼, 일생을 춥게 살아도 향기를 팔지 않는 매화처럼, 자유로운 제 모습을 잃지 않고 살고자 애쓰며 격려하리라. (하략)」

류 안진 시인이 꿈꾸는, 이상적인 친구다. 나도 그런 고상한 사귐을 갖고 싶다. 나의 허약함과 비겁함을 말없이 감싸주고, 하지 못할 말들과 서러운 일들을 밤새도록 들어주며 위로해 주는 친구. 그러면서 때로는 오페라나 전시회에 가서 아름다움과 인생에 대해 지초향 같은 은은한 대화를 나눌 수 있는 친구. 내게 어려운 일이 생기면 마치 제 일처럼 나서서 같이 걱정해주고, 도와주는 친구. 이런 친구가 있으면 참 좋겠다.

이 글을 쓰면서 아무리 생각해도 나는 그런 친구가 없는 것 같다. 술을 마시자면 함께 해줄 친구는 있으나 속 깊은 이야기는 어렵다. 오페라나 전시회에 같이 가줄 친구는 있을지 모르나 인생에 대해 나눌 말이 얼마나 되겠는지?

친구라고 내어 놓을 변변한 사람 하나 없으니 인생을 참 헛되이 살았다. 그러나 어찌 친구들 잘못이겠는가? 다 나의 잘못이다. 그들을 류 안진 시인의 글처럼 대했더라면 그들도 지란지교가 되어 주었을 텐데, 내 탓이다. 나 자신이 품격이 없고, 아는 것이 적으니 그들과 무슨 청담을 나누겠는가? 더구나, 도량마저 좁으니 이기적이다. 그러나 굳이 나를 변명하자면 각박한 삶속에 마음의 여유와 높은 품위를 지닌 사람이 얼마나 되겠는가? 자기 앞의 생활도 힘겨운 사람이 대부분이다. 나 역시 그들 중의 하나다. 이해해 주기 바란다.

친구들과 나는 소주 몇 병마시고 노래방에 가서 넥타이 풀어 흔들며 고래고래 소리치는 질 낮은 음주가무가 풍류의 전부고, 경조사에 부조 몇 푼 하며 돕는 정도다.

그 이상의 것은 하기도 어렵고, 바쁘다 보니 자주 만나기도 쉽지 않다. 그저 친구들한테 폐가 되지 않으려고 노력했다. 그들도 마찬가지였다. 가만히 생각해 보면 내 친구들도 참 불쌍하다. 어릴 적 가난하게 자라 시. 서. 화의 교양을 쌓을 기회도 없었고, 커서는 힘든 노동으로 가정을 이루고 자식들을 교육시켰다. 우리의 청년시절은 국가주의가 지배하는 산업보국의 시대였다. 지구상에서 가장 가난한 나라의 백성들이 할 수 있는 유일한 수단은 열심히 일하는 것뿐이었다. 근로시간과 복지 수준은 따질 형편이 못되었다.

퇴근시간엔 눈치가 보였다. 상사가 먼저 나가면 슬금슬금 눈치를 보아 한사람씩 사무실을 빠져 나갔다. 저녁도 한참 늦은 시간 고픈 배에, 소주 한잔 털어 넣고, 집 한 칸 장만할 때까지 꾹 참고 살아가리라 다짐했다. 그 때는 집 없는 서러움이 컸다. 아이들은 나보다 좋은 세상 살아가라고 없는 돈을 쪼개가며 동네 학원도 보냈다. 일요일이면 잠을 잤다. 일주일이 피곤했다. 소설 책 한권 볼 만한 마음의 여유도 없었다. 시시한 로맨스나 덜 떨어진 냉소주의는 현실의 긴장 앞에서는 유치했다.

돈은 비정한 것이다. 없다고 해서 주어지지도 않고, 있다고 해서 나누어 주지도 않는다. 그 돈을 벌기 위해서는 때로 비굴하고 거짓말도 하는 것이 생활이다.

나도 안다. 유유히 지내면서 아부하지 않고 산중 처사처럼 고상하게 사는 것이 얼마나 나의 정신을 자유롭게 하는지를, 있으면 먹고, 없으면 그런대로 지내는 생활이 또 얼마나 편안한지 잘 안다. 그러나 이 사회를 살아가는 일은 책임지는 일이다. 가족을 지키고 직장에 충실하면서 우리의 삶이 흔들리지 않도록 해야 한다. 그러려면 자신을 내려놓아야 한다.

돈은 그러한 참음에서 얻어지는 것이다. 그래야 좋은 아버지 착한 남편이 될 수 있다.

그러한 날들을 보낸 친구들을 만난다. 은퇴한 친구도 있고 아직 직장 다니는 친구도 있다.

사업 하는 친구도 있다. 모두 전우들이다. 만나보면 그런 생각이 든다. 돈과의 전투에서 살아남은 용감한 병사 같다는 느낌도 받는다. 역전의 용사다. 고지를 탈환하는 전투병처럼 인생의 위험한 유탄에 다치기도 하고, 구르고 넘어지면서 삶의 다리를 건너왔다.

사이먼과 가펑클의 노래 중에 「험한 세상에 다리가 되어」라는 노래가 있다. 「그대 지치고 서러울 때 두 눈에 흐르는 눈물 내가 닦아줄게요. 난 당신 편이에요.」하고 시작하는 노래다. 인생의 다리는 고독하고 길다. 그 길에서 서로의 위로가 되는 것만으로도 좋은 친구다.

친구의 얼굴을 본다. 살아온 이력만큼이나 주름이 졌다. 사느라고 고생이 많다. 사는 일은 힘겨운 싸움이다. 말하지 않아도 상처 받은 날들이 많은 줄 안다. 부족한 자신을 감추느라고 허세 부릴 필요는 없다. 조금 나은 지위와 재산을 가졌다고 교만할 필요도 없다. 수십 수백의 시련을 거친 우리는 소유의 허망함과 무소유의 공허함을 잘 안다. 굳이 깊은 철학을 논하지 않아도 사람은 자연과 같이 오고 가는 것이며, 길가의 풀잎도 추운 밤이면 서럽게 운다는 사실을 안다. 그러니 바이올린 현의 떨림과 세련된 관악기 소리를 들으며 기쁨과 슬픔의 느낌을 강요받을 필요는 없다. 또한 정이란 어려울 때 깊어지는 것이며 편안한 바라봄에서 오는 것이 아님을 잘 알고 있다. 생사지교는 도원의 결의에만 있는 것이 아니며 형가와 고점리의 축에만 있는 것이 아니다. 애쓰며 살아가는 우리의 만남이, 바로 생사지교이다.

아프지 말고 오래 살도록 해라. 친구들이 없으면 재주 없는 이글을 누가 읽어 주겠느냐!

13층

어떤 것이 사실이고 사실이 아닌지 확신할 수 없는 이야기들이 있습니다. 심지어 법의 판결로도 말입니다. 우리는 알리바이라는 말을 잘 알고 있습니다. 사건 현장에 피의자 또는 피고인이 없었다는 현장 부재증명 말입니다. 그 증명이 입증되면 죄를 벗는 것이고 그렇지 않으면 억울한 누명을 쓸 수도 있는 일입니다. 현장에 피의자가 있었는지 없었는지는 증거에 의해 결정됩니다. 잘 아시겠지만 증거 되는 사실이 곧 진실은 아닙니다. 마찬가지로 진실도 곧 사실은 아닙니다. 혹시 크리스토퍼 놀란 감독의 메멘토라는 영화를 보셨나요? 전직 보험 수사관이었던 레너드에게 기억이란 10분간의 기억 밖에 없습니다. 그 10분이 진실과 사실을 뒤섞어 놓습니다. 이 영화에서 진정한 사실을 찾는 것은 또 하나의 메멘토입니다.

어떠한 퍼즐 맞춤도 다 가능한 사실입니다. 진실이기도 합니다. 놀란 감독도 이야기 조각만 늘어놓았지, 결론을 내리진 않았습니다. 10분이란 시간은 놀란 감독에게도 여전한 메멘토이니까요. 어떤 사건이 어떤 장소에서 어떻게 일어났는지? 또 당사자는 그 장소에 있었는지, 없었는지 이 모든 의문들은 하나의 결론으로 나타나지 않습니다. 그 시간과 장소와 사건은 보는 사람에 따라 또 기억에 따라서 달라지게 마련입니다. 그 달라짐이 진실과 허위로 구분되지는 못합니다. 모두 제 각각의 결론을 가지고 있습니다. 메멘토의 10분은 모두에게 같이 주어진 시간이 아니라 개별적인 10분이기 때문입니다.

가을은 미스터리한 이야기가 무척 어울리는 계절이지요. 겨울이 곧 다가오거든요. 밤이 길어지고 보이지 않는 것들이 돌아다닐 시간이지요. 시바 신의 시간입니다. 파괴의 신은 어두워지는 시간에 늘 찾아오게 마련입니다.

미스터리란 말을 들으니 아가사 크리스티의 「그리고 아무도 없었다」라는 추리소설이 생각나는군요. 무인도에 초대받은 사람들의 이야기이지요. 정말 명작 이었습니다. 아무도 시도하지 않았던 트릭이었지요. 13명의 사람들이 섬으로 초대 받습니다. 그리고 한사람씩 살해 당 합니다. 마지막엔 모두 죽고 섬엔 아무도 남지 않았습니다. 그런 상황에서도 살인자는 있었다는 것이지요. 보이는 것이 다가 아닌, 보이지 않는 것들이 모든 것을 결정합니다.

우리도 사실 보이지 않습니다. 내가 길거리에 서 있으면 사람들은 그냥 지나갑니다. 특별히 아는 사람이 지나가지 않으면 아무도 말을 붙이지 않습니다. 어떤 관계가 형성되지 않으면 보이지 않는 투명인간이 되는 것 이지요. 그렇게 본다면 우리가 있다는 것은 관계가 있다는 것이고 보인다는 것은 관계가 시작된다는 뜻이군요. 불가에선 이를 인연이라 하고 기독교에선 신의 섭리라고 합니다. 나는 계속 관계라는 단어를 사용하겠습니다.

관계는 자극과 현상을 일으키는 결정 구조입니다. 어떤 알고리즘이죠. 그것들이 무한히 확장하면 세계가 되고 축소시키면 무가 됩니다. 그러니까 관계를 끊게 되면 현상에서 사라지게 됩니다. 나는 다른 현상 속으로 전이 되는 것이지요. 혹시 13층이라는 영화를 아시나요 ? 무수히 많은 내가 무수히 많은 다른 세계에서 살고 있다는 에스에프 영화 말이지요? 우리 삶 모두가 프로그래밍된 가상현실일 수도 있다는 철학적 질문까지 하지요. 여기에서 프로그램은 관계망이라고 볼 수 있습니다. 이 프로그램을 변형시키면 다른 현실이 만들어 지는 것이지요. 그러니까 현상전이는 관계를 어떻게 규정하느냐에 따라 타인이 보는 현실과 내가 보는 현실이 다르다는 것입니다.

이렇게 본다면 우리 인간은 모두가 하나의 세계입니다. 모두 자신의 관계를 규정하고 자신의 현실을 완성시킵니다. 그러니까 13층 영화처럼 무수히 많은 세계가 사람들의 수만큼 있는 것이지요. 그래서 이 세상은 재미있기도 하고 어렵기도 합니다.

재미있는 것은 이세상이 다채롭다는 것입니다. 예술 세계를 보아도 참 다양하여 각자의 미의식에 따라 제 멋대로의 작품들이 만들어지고 발표 된다는 것이지요. 심지어 화장실의 변기도 예술품으로 전시되고 고가에 팔리기도 합니다. 마르셀 뒤샹의 경우입니다.

그 뿐인가요? 노름에 쓰는 화투를 미술품으로 전시한 우리시대의 괴짜 조영남은 또 어떠한가요? 조금 더 얘기한다면 팝아트의 앤디 워홀이나 또 그 계열이라고 주장하는 낸시랭의 퍼포먼스는 또 어떤가요? 이해하거나 동의할 수도 있고 안할 수도 있습니다. 각자의 관계 설정에 따라 긍정과 부정이 교차하겠지요. 이 경우엔 가치의 척도라는 화폐도 전혀 객관적이 되지 않습니다. 어떤 이에겐 가치 있는 작품도 또 다른 어떤 이에겐 전혀 무가치합니다. 작품에 지불되는 돈은 관계 설정에 따라 서로 크기를 달리하며 이러한 다양성이 재미있는 세상을 만들어 냅니다.

어렵다는 것은 이 세상이 갈등의 구조를 가지게 된다는 것입니다. 관계설정을 국가가 강제하였던 전제 군주 국가와 달리 오늘의 우리 사회는 백가쟁명의 양상을 보이고 있습니다. 각자가 다른 관계를 설계 하고 다른 결론을 내립니다. 자칫 잘못하다가는 서로가 서로의 적이 되는 싸움판이 되는 것이지요? 실제로 그러한 현상도 우리 사회에 나타나고 있습니다. 편 가르기와 이념 전쟁의 모습도 보입니다.

정의라는 관점으로 보더라도 각자의 정의가 다 따로 있습니다. 금년 봄 세월호의 선장이 그러한 참사를 일으키고도 자기 보호에 급급한 모습을 보면 정의라는 관념에 대해 회의 하게 됩니다. 마이

클센델의 「정의란 무엇인가란」 서적이 베스트셀러가 된 것도 이러한 혼란에 대해 우리 모두가 갈등하고 있다는 증거가 아닌가 합니다.

우리는 관계에 대한 규정을 각자가 하는 서로 다른 세계에 살고 있습니다. 그래서 제가 처음에 이야기 했던 어떤 것이 사실이고 사실이 아닌지 확신하기 어렵다고 이야기한 것입니다. 그러면 어떻게 살아야 하는가? 묻는다면 저는 답할 수 없습니다. 세상은 스스로 답하는 것이며 스스로 프로그램 합니다. 그것이 역사입니다. 그리고 사실 나 자신도 알지 못합니다. 나를 포함하여 우리 모두는 질문자이지 답변자가 아닙니다. 13층의 주민들은 모두 그렇습니다.

도연명을 꿈꾸며

도연명을 꿈꾸는 사람들이 많다. 바쁘게 살아온 사람들일수록 그런 말을 많이 한다. 내가 아는 직장 선배도 그런 축이다. 어느 시골 야산 밑에 작은 초가집 하나 사서 개울물 흐르는 옆에 동백꽃 피는 모습 보며 살고 싶다고! 그리고 멀리서 친구가 찾아오면 키우던 토종 닭 두 어 마리 잡아 술 한 잔 기울이겠노라고. 그 말을 들은 지 햇수로 7년이다.

실제 전원생활은 낭만적이지 않다. 귀향한 사람들의 70퍼센트 이상이 도시로 되돌아오는 현상을 보면 시골 생활이라고 해서 유유하지는 않다, 삶의 방식이 다를 뿐이다. 도시도 사람 사는 곳이고 시골도 사람 사는 곳이다.

음풍농월하는 시인 묵객 흉내로야 흥밋거리 일 수 있겠으나, 현실 도피적 사고는 웃음거리가 되기 쉽다. 도시의 아파트를 보고 주거의 삭막함을 이야기 하는데, 그건 수사적 표현에 다름 아니다. 일상이 바쁜 도시 생활에 아파트만큼 기능적이고 효율적인 주거 형태가 없다. 나는 단독주택에도 살아 보았지만 아침저녁 청소며 비새는 곳 수리, 여름 벌레들, 거기에 잘못하면 쥐까지 설치니 일손이 보통 가는 게 아니다. 그러한 불편을 최소화 하는 데에는 공동 주거형태인 아파트가 가장 효과적인 것이다. 만일 아파트가 주거 생활에 부적합 하다면 시골에 까지 아파트 문화가 퍼졌겠는가? 문명 생활이 선호되는 증거다. 그럼에도 시골 로 돌아가기를 소망하는 이유는 무엇인가? 도시가 주는 부자유와 우리의 이중성 때문이다. 우리는 효율적이기도 하고 비효율적이기도 하다. 이성적이면서 감성적이고, 선이면서 악이고. 정의이면서 불의이다. 이것이 바로 살아있는 우리다. 기능적이고 효율적인 삶을 원하지만 그것이 주는 억압에도 저항한다. 그래서 우리는 전원을 꿈꾼다. 시골이 도시의 경쟁과 욕망, 고독과 소외로부터 구원해 줄 것으로 믿고 싶기 때문이다.

나 역시 도시의 답답한 일상을 털고 전원으로 가고 싶다는 생각도 해본다.

도연명이 닷 말의 녹봉을 놓아두고 고향으로 돌아가듯, 이런저런 구속을 던지고,자연으로 돌아가길 꿈꿔본다. 나는 도연명처럼 현령 벼슬도 없으니 벗어 놓을 감투가 없다. 취미가 별로 없어 어울려서 하고 싶은 스포츠도 없다. 좋아 하는 음식도 별로 없으니 별난 식재료가 필요 없다. 출세할 연줄이 없어 찾아 보아야할 어른이 없다. 갈 수 있는 이유와 조건은 차고 넘친다. 그런데 왜 도 연명처럼 전원으로 가지 못할 까?

나는 불안하기 때문이다. 찾아 갈 향리도 없고, 돌보아줄 친척도 없다. 농사지을 줄도 모르고 배우기에도 늦은 나이다. 자연을 보고 말을 나눌 만한 호연지기도 없으니 어둠과 적막이 오는 밤이 외려 두렵다. 더구나 새로운 생업을 찾아야 한다. 먹고 사는 문제는 어디에서 살든 다 같은 불안함을 가지고 있다. 사는 터전을 옮긴다고 달라지는 것은 아니다.

현실은 어차피 불안하다. 이것은 피할 수 없는 법칙 같은 것이다. 불안을 피하기 위해서 명리에 집착하면 더욱 허무하다. 가진다고 해서 편안해 지는 것은 아니다. 있으면 있을수록 불안해 지는 사람들을 나는 보았다. 부가 있으면 탐하는 자가 많고 명예가 있으면 질투하는 자가 많다. 그러니 재주가 있으면 가질 것이요, 없으면 안가지면 그뿐이다. 억지로 부와 명예를 얻기 위해 굴신할 필요는 없다. 그게 자연의 섭리다. 도연명의 귀거래는 시골 생활로 돌아감을 말함이 아니다. 그의 전원은 명리에 얽매이지 않는 영혼의 자유를 말함이다. 마음이 어딘가에 매이지 않고 유유자적함을 빗대었음이다. 때가 되면 오고 때가 되면 가는 것이 세상의 이치임을 인정하라는 것이 도연명의 귀거래사다.

자유로워지고 싶다. 그것은 어렵다. 먹고 자고 사랑하고 그리고 존재감을 찾고 이 모든 본성으로부터 벗어남은 불가능하다. 원래 살아 있는 모든 것들은 부자유하다.

도연명도 귀거래 하였으나 완전한 자유를 찾지는 못했다. 완전한 자유는 꿈속에 있기 때문이다. 그래서 이상향을 그린 도화원기를 썼다. 도화 꽃이 떨어지는 물줄기를 따라 올라가면 동굴을 지난 도화림에 평화로운 마을이 있다. 우연히 어부가 찾았으나 다시 가니 찾지 못했다. 몽상일 수도 현실일수도 있는 경계가 도화원이다.

우리도 몽상해야한다. 도시에서는 전원을, 전원에선 도시로 돌아가는 몽상을 해야 한다. 그래야 자유로워진다. 우리의 자유는 물리적 공간인 도시와 전원생활의 구분에 있는 것이 아니다.

며칠 전 TV에서 백세 노인이 들에 나가서 일하는 모습을 본적이 잇다. 백세 노인은 논에 혼자 앉아 김을 매고 있었다. 느리지도, 빠르지도 않은 자기만의 시간으로 유유히 풀을 베었다. 리포터가 힘들지 않으냐고 놀란 어조로 물으니 그저 괜찮다고만 한다.

눈빛이 잠잠하여 원할 것도 버릴 것도 없어 보였다. 짓궂은 리포터가 여자 이야기를 꺼내니 "남자는 벌 나비고, 여자는 꽃이니 여자 보기가 좋다."라고는 "호호호"하고 오물오물 웃었다. 나이가 들면 기력이 쇠해 크게 웃어지지 않는다. 그 모습이 참 자연스러워 보는 나도 기분이 좋아져서 같이 웃었다. 젊어서부터 농사지으면서 살아왔으니 백세 농사도 이상할 것이 없다. 남자의 몸이니 나이 들어도 여자를 꽃으로 대함이 순리이다. 이러한 당연함이 이상스럽다면 삶에 대한 편견이다. 주어지고 주는 대로 살아왔으니, 가고 가는대로 살아가는 것, 산봉우리에 구름이 노닐듯 모였다 흩어졌다 하는 것이다. 그래서 몽상하는 우리는 모두 정당하다. 낭만적 귀농을 꿈꾸는 직장 선배의 바람도 이루어지든 아니든 몽상으로 자유롭다. 도연명도 도화원을 꿈꾸지 않았는가? 날은 따뜻하고 바람은 선선하여 음풍농월하기에 딱 좋은날이다. 거문고 줄을 탄주하듯 목소리를 가다듬어 귀거래사 한 수 읊어본다.

歸去來辭(귀거래사)

歸去來兮
(귀거래혜) 돌아 가자

田園將蕪胡不歸
(전원장무호불귀) 논밭이 황폐해지는데 이제는 돌아가자

旣自以心爲形役
(기자이심위형역) 이제까지는 정신이 육신에 사로잡혔다

奚惆悵而獨悲
(해추창이독비) 어찌 한탄하고 서러워만 할 것인가?

(이하 줄임)

제 3 부

세상의 날들에 대하여

꽃

네가 오기를 나는 기다렸다. 무심한 돌과 지나가는 바람의 무관심 사이에서, 돌과 바람의 고독이 꽃이 되기를 기다렸다.

너와 나는 날들이 시작되기 전에 이미 꽃이었고, 부르기 이전에 꽃이라 불리었다.

네가 오기 전에 나는 너의 끝이 시작되었음을 이미 알았고, 네가 떠날 때 나는 너의 시작이 있음을 이미 알았다. 그럼에도 나는 너를 기다린다.

우리는 봄날의 빛과 가을날의 비가 서로 같음을, 오래 전에 알았다. 그러나 이 모든 것을 알았음에도. 사랑, 너 하나만은 내가 알지 못한다.

그래서 이 치열한 봄날에 너의 이름을 붙든다. 꽃이여!

요중선

영취산 산상에서 세존께서 법을 설하셨다. 갑자기 허공에서 꽃잎이 흩어져 비처럼 쏟아졌다. 세존이 떨어지는 꽃잎 하나를 들어 대중에게 보이셨다. 사부 대중들은 부처의 뜻을 몰라 어리둥절했다. 이때 오직 가섭만이 알 수 없는 미소를 지었다. 세존께서 이를 보고 가섭에게 전등의 가르침을 설하시니 모두 24자다.

「正法眼藏 涅槃妙心 實相無相 微妙法門 不立文字 教外別傳」

「여기 보이지 않는 바른 가르침. 일체의 미혹과 집착을 끊은 진리의 깨우침. 실상과 무상은 구별되지 않는다. 참된 진리의 길은 쉽고도 어려우며, 말 밖의 말. 법 밖의 법이 있다. 이를 마하가섭에게 전한다.」라고 하셨다. 가섭 존자께서 세존에게서 법을 받아 다시 이를 전하여. 보리 달마 대에 이르러 동쪽 중국 땅에 법을 전하니 제 1조가 되며 6조 혜능과 중조 임제를 지나 태고 보우화상에 이르니 세존의 선법이 마침내 해동에 이르렀다. 선을 이르기를 직지인심 견성성불이라 하였으니 스스로가 부처임을 깨치면, 하나이고 둘이 아닌 무상심에 들리라.

이에 육조의 오도송에 부쳐 마음이 본래 없음을 전한다.

菩提 本無樹 (보제 본무수) 참다운 지혜는 머무름이 없고
明鏡亦 非帶 (명경 역무대) 밝은 거울 또한 비추는 틀이 아니라네
本來 無一物 (본래 무일물) 본래 한물건도 없는데
何處惹 塵埃 (하처 야진애) 어디에서 먼지와 때가 일리요

- 육조 혜능 오도송

선법을 산에서 하면 정중선이요, 저자 거리에서 행함을 요중선이라 한다. 가장 시끄러운 장소에서 평상심만 지켜도 조주선사 의 한법은 따르는 셈이다. 즉심시불의 경지까지야 어찌 바라겠냐마는 마음 비움의 허심을 평상심법 제1의 관문으로 하였다

허심의 처음 수행은 비교지심을 가지지 않음에 있다. 소유의 과다, 지위의 높고 낮음, 현명함과 우둔함에 마음이 끌리면 평상심을 가지기 어렵다. 특히 가까운 사이에 있는 사람일수록 비교의 대상이 되니, 질투와 음해를 하게 된다. 그게 통하지 않으면 자신을 해하니 마음이 어찌 요동치지 않겠는가? 우울증과 강박증 같은 정신질환도 다 그와 같은 마음의 격랑이 스스로를 다치게 하여 일어나는

병이다. 산이 낮으면 사람이 모이고 산이 높으면 계곡이 깊어 물이 맑다. 사물은 다 각각 쓰임새에 따라 사는 법이다.

장자의 소요유 편에 나무이야기가 있다.

> 혜자가 장자에게 말하기를,
>
> 「우리 집에는 큰 나무가 있는데 사람들이 이를 가죽나무라 부르오. 그 큰 줄기는 옹이가 많아 먹줄을 칠 수 없고, 그 작은 가지는 굽고 꼬여 자로 잴 수 없소. 길에 세워 두어도 목수들이 돌아보지도 않소. 지금 그대의 말은 크지만 쓸모가 없기에 사람들이 새겨 듣지 않는다네.」
>
> 장자가 이르기를
>
> 「당신은 너구리나 살쾡이를 보지 못하였소. 몸을 낮추어 엎드려서 놀러 나오는 자를 겨누며, 동서로 날뛰고 높고 낮은 것을 가리지 않는다오. 그러다 그물과 덫에 걸려 죽고 마오. 지금 저 들소는 그 크기가 산만 하다오. 이것은 능히 큰 힘은 낼 수 있지만, 쥐를 잡지는 못할 것이오. 지금 당신은 큰 나무를 가지고도 쓸모없음을 걱정하오. 어찌하여 황량한 고을의 텅 빈 들판에 심어, 그 옆에서 한가로이 무위(無爲)로 지내며 그 아래 누워 잠자려 하지 않소. 비록 그 나무가 도끼에 일찍 찍히지 않고, 사람들에게 아무 쓸모가 없다하여도 나무 자신에게 어찌 괴롭거나 곤란한 일이 되겠소?」

허심의 두 번째 수행은 보고 들음을 줄이는 법이다.

보는 것이 많으면 가지고 싶은 게 많고, 듣는 것이 많으면 허욕이 늘어나는 법이다. 쓸모없는 교제를 넓혀 몸을 괴롭게 하고, 보고 들음을 다 따라하려면 정신이 흔들린다. 알아야 할 일도 많지만 모르고 살아야 할 일이 더 많다. 가르치는 스승도 많고, 들어야 할 말도 많은 세상이다. 욕심의 출발은 보고 들음이니, 보고 들음을 어지럽지 않게 하여 정신을 맑게 해야 한다.

세 번째 수행은 말을 줄이는 것이다.

오해의 시작도 말이고, 다툼의 원인도 말이다. 말로서 사물의 진정한 모습을 나타내진 못한다. 사물이 품고 있는 뜻은 말이 표현 할 수 있는 모든 언어의 총합보다 크다. 하나의 사물에도 착함 과 악함, 좋고 싫고, 기쁘며 슬픈 모든 느낌들이 다 들어 있다. 그러니 어찌 하나의 사물에 하나의 언어만 있겠는가? 내가 기쁨으로 표현한 일이 상대방에는 슬픔이기도 하다. 그러니 세치 혀로 사물의 이치를 논하지 말자.

평상심을 가지는 제2의 관문은 자신을 존중하는 독존이다.

그 수행의 첫 번째는 자신을 비굴하지 않게 하여야 하는 것이다. 이익을 얻기 위하여 몸을 낮춤이 비굴함은 아니다. 그 비굴함으로 상대를 현혹 시키고자 함이 비굴한 것이다. 거래는 정당함으로 신용을 쌓고 신뢰로서 이익을 취하는 것이다. 마음과 행동이 어긋나면 듣는 자보다 행하는 자가 병이 든다. 아픔보다 더 큰 손실은 없다.

그 수행의 두 번째는 몸을 지킴에 있다.

기를 기르고 정을 높인다. 기와 정이 허약하면 작은 유혹에도 쉽게 넘어가고, 마음이 자리를 잡지 못해 여기 저기 떠돌아다니기 쉽다. 분노에 쉽게 빠지지 말며, 기쁨에 과하게 탐닉해서도 안 된다. 분수에 넘치는 짓을 하거나 받아서도 안 되며, 나이를 핑계 삼아 게을러서도 안 된다. 매일의 살아감을 정성껏 하는 것이다.

이것이 내가 수행할 요중선의 화두이다. 초보자가 너무 많이 하려고 하면 탈이 나는 법이다. 이 정도에서 멈추겠다. 주위를 살펴보면 요중선의 선사들이 많다. 우리 아파트 경비 아저씨도 수행의 공덕이 깊은 분이고, 우리 집 식구도 공력이 만만찮다. 지금도 떠듬떠듬 독수리 타법으로 요중선을 쓰는 나를 보며 피식 웃고 지나간다. 선지식인가 보다.

설계

어떤 일을 하려면 설계가 필요합니다. 가령 집을 지으려면 터는 어디에 파고 문은 어느 쪽으로 내며 재료는 무엇으로 쓸 것인지 고민해야 합니다. 기계장비의 제작이나, 전자 부품도 마찬가지겠지요. 보험이나 펀드 같은 금융상품도 설계를 필요로 합니다.

그렇게 범위를 넓혀 간다면 사람이 만든 모든 제도와 구조물은 설계에 의하여 만들어진 것이라고 할 수 있겠지요. 설계되지 아니하고 인간이 만들어낸 존재와 존재자들이 있나요? 오직 인간만이 설계되지 아니하고 인간에게서 태어난 존재라 할 수 있습니다. 그러므로 인간은 계획되지 아니한 자유의지의 나타남, 현존이라고 주장 할 수 있습니다. 하지만 또 한 번 의문이 생깁니다. 진정 인간이 미리 설계 예정되지 아니한 자기 결정적 존재인가요? 스스로가 자신의 운명을 선택 하고 지배할 수 있는가요? 그것은 의문입니다. 워쇼스키 형제가 만든 매트릭스라는 영화는 그 질문을 부정으로 답합니다. 인간은 만들어진 존재이며 프로그램된 가상현상이라는 것입니다. 즉 설계된 존재라는 것입니다.

자 여기까지만 하고, 저의 이야기는 오늘 아침 신문에서부터 시작합니다. 신문 기사 1면에 毒親(독친)이라는 들어보지 못한 낱말이 활자화 되어 있었습니다. 읽어보니 아이들이 부모의 강요된 행동으로 인해, 강한 스트레스 로 인한 우울증과 분노조절장애 나아가서 자살충동까지 느낀다는 것입니다. 부모가 자신이 설계한 인생 계획을 아이를 통하여 실현시키려 하는 폭력이 부모와 자식을 가해자와 피해자로 만드는 것입니다. 그래서 독친입니다. 워쇼스키는 영화를 통해 프로그램된 인간의 비극을 설명하고 있습니다. 그와 마찬가지로 설계된 부모와 자식은 비극 일 수밖에 없습니다.

인간은 자유의지를 가질 때만 행복할 수 있습니다. 산다는 것은 의지의 실현입니다. 그 의지가 타인에 의해 설계되고 통제 될 때 독이 됩니다. 부모가 할 수 있는 일은 자식이 스스로 설계자가 될 수 있도록 지향점을 제시하는 것입니다. 분명히 해 두어야 할 것은 설계가 아니라 설계자가 되도록 이끄는 것입니다.

저는 설계당한 아이들이 어른이 되고난 후의 세계를 본적이 몇 번 있습니다. 한 경우는 스스로가 독이 된 경우입니다. 그들은 상대방에 대한 배려가 없었습니다. 자신이 가진 부와 권력을 철저히 자신을 위해 사용하였습니다. 그 자신이 세계의 중심이었습니다. 타협은 없었습니다. 마치 네로황제가 불타는 로마를 보며 하프를 탄주하듯이, 정의의 여신 디케는 항상 자신의 편이었습니다. 저는 이들을 독에 깊이 중독된 독중지성이라고 생각합니다.

다른 한 경우는 자신의 길을 잃은 경우입니다. 설계자인 부모가 더 이상 간섭 할 수 없어 졌을 때, 그들은 또 다른 설계자에게 의탁하게 됩니다. 친구 일 수도 있고, 동업자 일수 도 있는 그들에게 자신이 가진 것들을 잃게 됩니다. 그는 인간적이라는 호칭은 듣지만 어리석다는 평을 듣게 마련입니다. 나는 그들을 독에 다친 주화입마라고 생각합니다.

위 두 가지 경우 외에도 여러 가지 형태가 있겠지만 그들은 아마 독중지성과 주화입마의 사이에 있을 것입니다

그리고 아이들을 설계하다가 자신을 역설계한 사람들도 보았습니다. 독자여! 제가 본 사람들이 다양하다는 사실을 용서하여 주십시오.

제가 아는 어떤 부자는 자식을 위하여 모든 것을 바쳤습니다. 자신의 재산을 큰 아들의 집과 자동차를 사고, 사업체를 차리는 데에 다 주었습니다. 큰 자식에게 주니 작은 놈이 똑 같은 대우를 받기를 원했습니다. 그래서 이번에는 미래의 수입을 저당 잡혀 큰아이와 똑 같이 작은 아이에게 주었습니다. 나머지 현재 수입의 일부를 자신에게 남기려고 하였습니다. 하지만 그조차도 가질 수 없었습니다. 자신의 사업에서 실패한 큰 아들이 그 사람의 사업체마저 가로챘기 때문입니다. 그는 자신의 아이들과 자신을 인격 동일체로 받아들였

습니다. 그러나 그는 버려졌습니다.

가시고기는 자신의 몸을 새끼들에게 먹이로 내어줍니다. 새끼와 어미는 이 지점에서 일체가 됩니다. 인격동일체는 한 생명이 가면서 또 다른 생명을 전하는 모습 입니다. 하나의 인격이 두개의 모습으로 병존 하는 것이 아닙니다. 그리하여 생명은 순환해 나갑니다.

인간과 가시고기를 같은 생명 원리로 보면 그 부자의 행동은 온당합니다. 하나가 가고 또 하나가 오는 자연의 섭리에 따라 후세에게 자신의 육체와 영혼을 맡겨 또 다른 삶을 이어 나가는 것은 올바른 생명 현상입니다.

그러나 인간은 설계자이지, 가시고기와 같이 설계를 당한 피조물이 아닙니다. 신은 인간에게 자유의지를 허락하였고, 그 선물로 인해 인간은 스스로의 우주를 창조할 수 있는 존재가 되었습니다. 자신이 이 세상에서 가장 유일하며, 가장 귀중합니다. 별은 모든 사람에게 같이 빛나지만 자신의 별은 유일합니다. 그 별을 찾아야 합니다. 이 세상의 모든 사랑은 무조건적 희생이 아니라 존중하고 존중받는 것입니다. 사랑에 중독되지 마십시오.

경쟁과 차별

직업을 구하기가 어려운 시대이다. 대학을 졸업한 청년들이 일자리를 구하지 못해 pc방을 전전하거나 편의점 아르바이트를 하는 일이 허다하다. 심한 경우에는 대인 기피증에 빠져 방구석에서만 지내는 현실 도피 현상까지 있으니 심각한 사회적 문제이다.

이웃 일본은 1990년 중반부터 청년 백수 문제가 일어 났다하니 우리 사회도 그 전철을 밟는 것이 아닌가 하는 우려도 든다. 우리나라와 일본의 사회 발전 형태와 문화적 바탕이 유사한 측면이 있기 때문이다. 학력의 과잉과 사회적 요청이 불일치된 병리적 현상이라 할 수 있다. 젊은이들이 전문대 이상 진학하는 경우가 70%이상이라고 하니 놀라운 일이다. 대학 공부는 격물치지를 목적으로 해야 한다. 사물의 이치를 탐구하여 근본을 알고자 함이 학문의 요체가 되어야 한다. 그렇지 않고 직업 현장에서 일어나는 실무적인 일들의 학습은 굳이 대학 교육을 필요로 하지 않는다. 산업이 발달한 유럽 여러 나라들의 경우를 보아도 대학을 가지 않고도 사회생활에 별다른 문제가 없고 사 생활의 행복을 추구하는데 있어 별다른 장애가 되지 않는다. 우리 세대인 베이비부머들만 하더라도 대부분이 중등교육을 받고 공직이나 산업 활동에 종사하였지만 사회의 발전과 유지에 문제가 없었다. 오히려 강한 순수성과 열정으로 우리나라의 산업화에 결정적인역할을 하였다고 생각한다. 그래서 시민 사회의 구성원에게 대중적 대학교육이 꼭 필요한지는 의문이다.

사회는 스스로 유기체적 생성과 성장을 하며 그 구성체가 각각의 역할과 기능을 수행함으로써 존립이 된다. 구성체의 역할과 기능은 사회의 유지 발전에 필요한 요청을 받게 되는데 대부분의 경우 사회 관습과 각 시스템에서 제공되는 교육에 의하여 충분히 수행 가능하다.

창의적이거나 고도의 연구와 통치 관리를 필요로 하는 일만 소수의 엘리트에게 맡기면 될 것이다.

그럼에도 우리 사회의 교육열은 지나치게 높다. 유교적 계급주의와 노무 현장 기피 성향에 의해 사무직과 관리직 선호현상이 심하다. 이런 일자리 쏠림으로 인해 학력의 인플레가 생기고 지나친 경쟁이 생기게 되는 것이다.

이런 현상의 이면에는 우리 사회의 부조리한 측면이 존재하는데 그것은 시민 자본주의 가치와 전통적 계층의식 의 부조화에 있다.

불과 몇 십 년 전의 우리는 봉건적 이념과 농노적 현실에 처해 있었다. 상호 평등과 개인의 자유, 인간 존중의 시민의식은 아직 형성되지 않았다.

그러한 전 근대성이 급격한 사회 변화를 거치면서 새로운 계급의 출현과 분화, 물질주의의 추구를 가져왔다. 부유하고 가난하며, 고급하고 저급한 상대 가치들이 나타나면서 사회적 차별과 계층이 발생했다. 시민의식도 소수 계층에게 선택적으로 형성되었고, 대중화되기에는 사회적 합의가 부족했다. 이런 계급적 차별과 신분이동의 수단으로 선택된 방법이 교육이다. 교육은 차별을 극복하는 합리적 수단이었다. 고등고시를 통하여 권력을 획득하거나 유력한 집단이나 회사에 입사하여 신분 상승을 노리는 것이 가장 빠르고도 확실한 수단이었다.

따라서 차별적 관계에 있는 개인들은 대학 교육을 선택하게 되고 후손들에게 계급 상승의 기회를 주고자 희생과 경쟁의 고난을 견디게 만들었다. 기러기 아빠와 강남 학군이 그 대표적인 예라고 하겠다. 그러나 신분 상승의 통로와 안정된 일자리는 한정되어 있고 대중화된 대학 교육만으로는 경쟁에서 이길 수 있는 수단이 되지 못했다. 더 이상 대학은 권력과 부에 접근할 수 있는 기회가 될 수 없었다.

따라서 대학 교육을 통하여 기대하였던 계층이동은 다시 한 번 차별화된 계층을 양산했다. 이번에는 사회 참여의 기회조차 봉쇄당하는 위험한 갈등이 실업이라는 형태로 출현했다.

그러나 역사 이래로 경쟁은 늘 있어 왔으며 이것이 사회 변화의 길이었던 것은 부정할 수 없는 사실이다. 태초에 아담이 낙원에서 쫓겨날 때부터 현대에 이르기까지 인간은 끝없는 투쟁의 역사를 써 왔다. 승리의 대가는 상대의 자유를 구속하고 재산을 빼앗는 수탈이었다. 그래서 지배와 피지배의 관계가 이루어졌다. 그 구조는 수직적 명령 체계였다. 명령은 따르는 자에게는 고통스럽고 자유를 구속당하는 일이었다. 그런 상태에서는 개인이 행복을 추구하기가 무척이나 어려웠다.

행복하다는 것. 상대적 차이의 인식이면서 절대적 자아의 발견이기도 하다.

자신과 타인, 가짐과 못 가짐, 지배와 종속들의 차이가 불균형을 만들고, 존재의 균형점을 깨뜨려 고통 받게 만드는 것이다. 그것은 생명이 발전해 나가는 원인도 되지만 동시에 좌절과 불안도 제공하여, 절대적인 존재의식이 행복과 불행의 구별을 짓도록 만든다. 이러한 점에서 차별과 경쟁의 상대가치는 행복을 결정짓는 중요한 요소이다.

인간은 행복을 추구하는 존재이며 또한 행복해야 할 권리를 가진다는 사실은 절대 명제이다. 따라서 행복 추구의 한 수단인 직업은 사회가 제공해야 할 의무이며 개인의 권리이기도 하다. 개인은 직업을 통하여 사회에 참여하고 행복해져야 한다. 그 실현을 위해서는 반드시 상대가치인 차별의 극복이 따라야 한다. 고급과 저급, 높고 낮음, 편함과 불편함, 소유의 많고 적음, 이 모든 불평등이 합리적 차이로 설정되어야 한다. 공존을 추구하는 사회의 복지 나눔에 있어서, 구성원 각자의 노동과 기회, 소득과 시간, 근로 환경의 불공평이 지나칠 필요가 있는가? 심한 격차가 사회의 발전을 이끌어 줄 수 있는가? 의문이다.

계층과 직업 간의 차별과 경쟁은 사회와 개인이 받아들일 수 있는 정도의 수준으로 유지되어야 한다. 예를 들면 기능공과 의사, 교수와 일반 사무직의 차이가 사회의 선순환에 장애가 되지 않을 정도의 차이이어야 된다. 개인의 노력 보상을 초과하는 몇 배나 수 십 배의 격차는 사회의 불안정과 계층 간의 투쟁을 불러일으킬 뿐이다. 전자 산업의 발달 이전에는 지적 차이와, 정보의 차이로 인한 생산력의 우열이 그러한 차별을 감내하였다. 하지만 정보화 시대인 오늘날에는 이미 구성되고 기록된 지식은 더 이상 차별적 권력과 부의 원천이 될 수 없다. 그러므로 차별과 경쟁의 상대적 가치가 직업의 세계에서 공정한 평등을 지향한다면 지나친 학력 과잉과 기피 직업의 부작용을 방지 할 수 있을 것이다.

그러나 행복의 관점에서 보면 상대적 가치의 합리성이 개인의 무차별성 행복을 담보하는 것은 아니다. 인간의 자의식은 타자와의 구별에서 이루어지고 있고, 관계는 인간의 존재양식이다. 타자와의 관계 속에서 인간의 삶은 영위된다. 따라서 홀로된 인간이란 존재할 수 없는 것이며, 타자와의 협력과 충돌 속에서 소멸하고 생성해 나가는 것이다. 그러므로 완전한 평등도 자의식 속에서 관찰되고 비교되어져서, 다시 불평등과 차별을 확산시킨다. 그리고 갈등이 일어난다. 원점 회귀의 현상이 생기게 되는 것이다. 절대적 가치의 행복을 추구해야 하는 이유가 여기에 있다. 소유에 대한 허무, 나눔에 대한 기쁨, 비움이 주는 자유와 같은 비교되지 않는 절대 가치를 통하여 차별과 경쟁이 주는 관계망을 무화 시켜야 한다.

대학교육, 혹은 우리의 정보화 시회가 주는 다양한 지적 자극은 이와 같이 우리 삶을 행복으로 이끌어주는 자유와 평등의 열쇠가 되어야 할 것이다.

나는 자연인이다

실제 상황을 영상화한 넌 픽션 방송 프로그램이 인기를 끌고 있다. 연기자를 어떤 환경에 투입하여 그 장면을 해결해 나가는 모습을 통해 시청자를 대리 만족시키는 설정이 유행이다. 예를 들면 김병만의 정글 탐험 같은 프로그램이 대표적일 듯하다. 실제 아마존 밀림지대로 연기자들이 가서 문명의 이기 없이 살아남는 모습을 보면서 자신을 대입해 보는 감정 동화의 경향성이 강하기 때문이다. 우리 사회의 문화가 복잡해지고 가공된 이야기들이 늘어나며 표피적 흥미보다 체험적 공감을 요청하는 경향이 생겼다.

공장 제품처럼 패턴 화된 사건보다 출연자의 의도되지 않은 반응들이 시청자의 관심을 불러 일으켰다. 어떤 의도된 의미나 이야기로부터 탈피하여 개별적이고 다양한 형태의 사건들을 시청자가 체

험하고자 하는 욕구가 일어난 것이다. - 비록 간접적인 방법으로나마 - 동시에 산업사회의 억눌림에 대한 반작용으로 자연에 대한 관심이 증가하기 시작했다. 그래서 대중 매체들은 앞 다퉈 자연에 대한 프로그램을 제작하기 시작했는데 「나는 자연인이다」도 그 중의 하나이다. 여기서 다루는 자연은 산과 그 산에 사는 사람 이야기다.

도시가 문명을 상징한다면 산은 자연의 가장 원시적 형태로 인식된다. 산에서의 생활은 자연의 흐름에 순응하는 것이다. 고요히 흐르는 시간, 유유한 하늘과 숲, 다투어야 할 대상조차 없는 무경쟁의 공간, 도시 문명에 지친 사람들에게 충분히 위로가 될 수 있는 공간이라 생각된다. 그 곳에 사는 사람들은 처음부터 산속에 살 던 사람들은 아니었다.

도회지의 생활에 실패하였거나 아니면 경쟁과 삭막함에 지쳐 자연의 단순성으로 되돌아가려는 사람들이다. 문명의 발달은 기계화의 진전이며 그 속성상 속도와 적시성, 효율성과 정확성들을 요구한다. 그러므로 인간에게도 같은 속성을 요구하게 되어 지시와 통제, 속박과 감시, 무의미한 반복들과 같은 억압적 체제에 적응하도록 강요 했다. 이러한 부자유는 인간의 본래적 성질과 배치되어 자연 회귀의 욕구를 불러 일으켰다. 그래서 인간은 도시에 살면서도 전원을 그리는 것이다. 하지만 막상 산으로 들어가는 일은 어렵다. 문명이 주는 안락함을 떠나 부족한 물질과 불편한 생활을 견디는 일은 삶의 구조를 바꾸는 일인데 그게, 말처럼 쉽지 않다.

우선 가족의 생활부터 문제가 시작 된다. 먹고 사는 일은 어떻게 해결이 된다하더라도. 공동체의 삶을 살아야 할 자녀들과 배우자의 사회적 고립에 대한 해결책은 있는지?

그 다음에 물어봐야 할 것은 고독에 대한 질문이다. 하루 이틀도 아니고 계속적으로 혼자 의 삶을 살 수 있는가? 그러한 삶을 견딜 수 있는 뚜렷한 가치관은 있는가?

그리고도 물어 보아야 할 일은 많다. 생활필수품을 구하는 일부터. 다치거나 아플 때의 의료문제 라든지 하는 현실적 문제이다.

그래서 산에 들어간다는 일은 평범한 일 같지만 대다수 푸념만 할 뿐 엄두를 못 낸다.

「나는 자연인이다」라는 프로그램은 현대인의 그러한 니즈를 파고들어 대리 체험 시키며 풀어주는 구성이다. 거기에 출연하는 산사람들은 욕심부터가 적은 사람들이다. 주어진 그대로의 자연을 주어진 그대로 받아들인다. 어떻게 효과적으로 이용할 것이냐 하는 고민을 하지 않는다. 계절 따라 약초도 캐고 머루도 따면서 산이 주면 주는 대로, 식사는 산나물이나 푸성귀로 적당히 해결하고 입는 옷도 서너 가지, 추위나 더위를 가릴 정도로 입고 다닌다. 주거도 자연 동굴을 이용하는 사람도 있고, 또 어떤 이는 판자로 엮어서 사는 이도 있다. 행복한지 아닌지는 잘 모르겠다. 진행자도 물어보지 않고 해설도 없다. 행복에 대해 이런저런 조건을 세워 놓지 않았으니, 물어 보았자 본인도 잘 모를 것이다. 그들은 대체로 무덤덤하다. 산에서 욕심내어야 할 대상도 그다지 없으니 긴장할 필요도 없고, 누구와 경쟁할 일도 없으니 바쁜 일도 없다. 더구나 가진 것도 없어 뺏

길 걱정은 더구나 없다. 행복이 이런 무소유라면 산에 사는 일은 행복한 일이라고 말할 수도 있다. 그들이 느낄 수 없을지는 몰라도.

그러나 이런 프로그램을 보는 시청자들은 분명이 행복을 느꼈을 것이다. 연출자의 의도도 거기에 있다. 자신이 선택하지 못한 자연에의 귀환을 선택한 그들의 무위를 부러워하고 그들을 대신하여 행복한 감정을 가졌을 것이다. 기계화와 정보의 대량 유통으로 개인은 점점 사회적 질서에 종속되고, 문명은 인간을 길들인다. 사회가 발달되면 발달 될수록 더 강한 체제 순응을 하게 되는 구조인 것이다. 문명은 이제 인간의 힘을 빌리지 않고 자체 시스템으로 진화한다. 적당한 수준에서 발전을 멈추고 생산물을 나누어 경쟁을 종식시키면 좋을 텐데. 그게 마음대로 되는 일이 아니다. 우리 사회는 기본적으로 경쟁의 산물이기 때문이다. 경쟁이 멈추면 사회 시스템도 작동하지 않게 된다. 인간은 인간끼리, 사회는 사회끼리. 국가는 국가끼리 서로 경쟁하기 때문에 문명과 사회의 발전이 일어나는 것이다. 그 끝없는 욕망의 충돌이 삶의 만족을 주기도 하지만 고통의 원인이 되기도 한다.

산으로 간다는 것은 이러한 욕구 자체를 자연이 주는 질서에 맡겨서 괴로움의 원천을 소멸 차단케 하는 것이다. 스스로 얻을 것은 아무것도 없다. 오직 자연이 허락한 것만 받는다는 것.

그러한 무위가 인간을 행복하게 한다는 것이 산에 사는 사람들의 메시지 내지 이념이 될 것이다. 그러나 자연 상태로의 회귀가 인간을 행복하게 하는 것인가? 하는 질문에 대한 답은 여전히 유보적이다. 산다는 것은 유위한 것이며 움직이며 변화하는 자체가 생명현상이다. 생명은 생명의지에 의해 존속되며, 그 의지가 가지는 욕구야 말로 삶이다. 따라서 욕구의 소멸이 삶의 행복이라는 것은 논리적 모순이다. 행복은하나의 관념이지, 현실의 실재로서 존재하는 것이 아니기 때문이다. 그래서 티 부이로 보는 자연인의 삶은 현실로 보는 비현실의 세계인 것이다.

그곳을 찾아가는 리포터는 시청자를 대신한 비현실의 전달자다. 그래서 우리는 결국 알게 된다. 현실과 비현실 이 둘 모두 우리가 살아가는 진정한 현실이라고.

장생불로

진나라 시황이 서복을 바다로 내보냈다. 장생불로의 비방을 구하라 명하였다. 생로병사는 사람에게 주어진 윤회의 덫인데 이를 거슬러 영원함을 얻어, 살고 죽음을 가두려 하였다.

서복은 배를 불사의 바다로 띄웠고 되돌아오지 못했다. 그는 전설로서 불로했고, 민담으로 장생했다. 시황은 장생불사하지 못했으나 그 이름은 사마천이 거두어 사기에 기록했다. 그래서 장생했다.

태어나고 죽음은 원래 신성의 영역이다. 아무도 태어남을 결정하지 못하고 아무도 스스로의 죽음을 결정하지 못한다. 그 유장한 흐름 속에 늙고 병들음이 있다. 늙음은 시간이 삶에서 모습을 드러내는 것이요, 병들음은 삶과 죽음이 같이 있음을 보여 주는 것이다.

그 드러남은 엄정한 법도이며, 보여줌은 추상같은 기율이다. 그래서 늙어가는 시간 앞에 두려워하며, 병이 들음에 불안해 지는 것이다. 인간이 땅의 精(정)과 하늘의 氣(기)를 받지 않았다면, 생사의 바퀴에 들지 않았을 텐데, 그 精(정)과 氣(기)가 고통 받게 한다.

나고 죽음은 삶이 다스릴 수 있는 영역이 아니다. 그러나 정과 기를 다스려 고통을 줄이려고 한 시도는 서복 이전에도 있어왔다. 방사들은 불로초를 구하고 연금술사들은 불사약을 만들었다. 그들의 노력은 불로불사는 못했지만 적어도 그 가능성은 남겨두었다.

이천하고도 삼백년이 흐른 오늘날에 이르러 나고 죽음은 어쩔 수 없다 하더라도, 노화와 질병은 현대 의학이 어느 정도 늦추고 치료하는 성과를 거두었다. 인간의 수명도 백세 시대를 바라보게 되었다. 그에 따라 우리 삶의 방식도 바뀌었다. 불과 수 십 년 전만 하더라도 환갑을 맞이한다는 것은 경사스런 일이고, 장생의 길에 들어선 것으로 여겨졌다. 그러나 지금은 환갑잔치를 한다는 말을 들어보지 못했고 초대 받은 사실도 없다. 경로 우대도 65세 이상으로 하니 우리사회도 고령화 사회로 진입한 것이 현실로서 인정된다. 신체 나이가 자연 나이보다 젊은 분들이 허다하다. 더구나 성형 술까지 발달하였으니 노령 미인들이 길거리를 활보한다. 동네 헬스클럽에 가면 나이든 분들이 역기를 번쩍 들고, 격렬한 체조를 한다. 신체의 순환과 근력이 자기 관리에 따라 얼마든지 젊음을 오래 유지할 수 있다는 증거이다.

여기에는 각종 건강식품과 좋은 의학적 처방이 한몫을 한다. 동의보감이나 황제내경과 같은 의학서적에서 인용된 양생 보약도 있지만, 출처가 다소 미심쩍은 건강 증진 식품들이 시중에 넘쳐난다. 시황제가 살아 있었으면 그 혼란스러움에 분약갱탕(焚藥 坑湯) 약은 태우고 탕은 묻을 판이다.

건강에 대한 지식도 넘쳐나서 어느 말이 맞는 지도 잘 모르겠다. 분석적이고 해부학적인 현대의학은 각각 자신의 분야에서 최선을 제시한다. 통합적 자가 치유의 길을 제시하는 전통의학은 신체 기능의 활성화에 주목한다. 어느 방법이 옳은가? 그런 확실한 답은 없다. 우리의 신체는 복합적 메커니즘에 의해서 기능하기 때문에 자신의 상태에 따라 달리 약을 써야 할 것이다. 그러고 보니 우리 선조들이 가혹한 노동과 열악한 음식들로 단명한 것은 천수를 다하지 못한 것으로 보인다. 하늘이 목숨을 내렸으면, 왜 돌보지 않았는지 한숨이 쉬어진다.

또 한편으로는 시대가 천수를 결정한다는 생각도 든다. 그래서 서복의 배는 지금도 계속 인간 세상을 떠다니며, 불로초를 구하는 것은 아닌가? 하는 쓸데없는 소리도 해 본다. 인간 수명의 증가에 의해서 이 것 하나만은 분명해 진듯하다. 즉 적당한 노동과 운동, 알맞은 영양섭취에 의해서 인간은 장수할 수 있다는 법칙 같은 것이다. 처음부터 인간 수명의 한계가 그어지지 않았다는 믿음이다. 그 법칙으로 신성의 영역 한 부분을 엿본듯하다. 그래서 장생의 한 부분은 미흡하지만 어느 정도 해결 되었다.

그러나 생명의 추는 늘 공정하지는 않은 것이다. 우리 사회는 이러한 늙음의 변화를 아직 준비하지 못했다. 개인도 준비된 상태가 아니다. 공자는 나이 육십이 되면 이순이라고 하였다. 귀가 순해진다는 뜻이다. 어떤 말을 들어도 노하지 않고, 모진 말에도 다투지 않으며 사람 사는 일들이 순해지는 상태가 된다는 이야기다. 그러나 지금의 육십으로서 이순이 되기는 어렵다. 귀가 순해지기에는 세상의 말들이 너무 많다.

육십의 말이 스물에게 이르지 못하고, 스물의 말이 육십의 귀에 닿지 않는다. 삶의 속도가 빨라 그 멀어지는 거리는 짐작도 어렵다. 그러니 그들은 서로 다르다. 한 세대는 지혜라 주장하고 또 한 세대는 구태라 생각하니, 무슨 제대로 된 소통이 되겠는가? 그에 더해 그들은 생업의 경쟁자 까지 된다. 지금은 뒤 세대가 앞 세대를 부양하기 어렵다.

경제적 부족함도 있지만 생활의 형태와 행복의 기준도 바뀌었다. 농경사회의 질서가 정보사회의 질서와 맞아 떨어지리라 생각한다면 지나친 낙관이다. 구질서는 수직적인 정보의 전승에 있지만 새 질서는 수평적이며 선택적 정보체계다. 하나는 전체적 질서고 다른 하나는 개체적이다. 장생의 길이 또 다른 어려움에 마주친 것이다. 인간과 인간의 질서가 잘 맞아 떨어져야 살아감이 유순할 텐데, 서로 어긋난다. 아직 사회가 이 문제를 해결하기엔 어리둥절한 상태다.

게다가 나이든 청춘들이 너무 많다. 그 뜨거움이, 마음이 원하는 대로 하여도 잘못되지 않는다는 공자 70의 생애에 이르지 못하도록 방해한다. 그러니 자칫하다가는 주책이요, 노망이 된다. 아! 이래저래 장생불로의 길은 멀고도 험하다. 이를 일러 진퇴유곡이라고나 할까?

안분지족

돈을 벌어야 하느냐 말아야 하느냐 하는 문제는 너무 자명해서 묻고 답할 일이 아니다. 돈은 실존의 영역이지, 인식의 대상이 될 수 없다. 먹고 쓰고 자고 하는 모든 생존의 흐름들이 돈의 흐름과 그 궤를 같이한다. 기표로서의 돈을 의미와 무의미로 나누는 일은 어리석다. 신사임당이 5만원 지폐에 인쇄되고 퇴계가 1천원 지폐에 그려져 있다 해서, 퇴계와 사임당의 의미가 천원과 만원이 되는 것이 아니다. 돈은 부르고 불리어지는 이름의 관계에 있지 않고, 삶의 원형질이기에, 본래 스스로 그러한 것이다. 돈과 사임당과는 아무런 관계도 없다.

그러므로 돈을 벌러 나가는 일은 자연스러운 것이며, 버는 일을 소중히 함도 당연한 이치이다. 그런데 그 벌어오는 일이 한평생에 걸치는 일이어서 나는 사실 힘에 부치고 지겹다. 한꺼번에 많이 벌어 놓아 일생에 해야 할 일을 줄여 놓으면 나머지 생은 유유자적 베짱이처럼 지낼 수 있을 텐데, 개미의 턱과 손발로는 한 겨울 지내기도 빠듯하다.

그달 그달 벌어서 조금 남겨 놓으면 목돈 쓸 일이 꼭 생긴다. 그것 참 신통한 일이다. 돈은 돌고 도는 것이라더니, 나는 그저 돈을 보내고 받는 주막집 주인인가? 그래도 서너 푼은 남겼으니, 김국환의 노래처럼 수지맞는 장사라고 위로해야 할는지 모를 일이다.

시지프스가 굴려 올린다는 돌도 사실은 돈에 대한 은유적 표현이 아닌가 한다. 제우스에게 반역한 시지프스가 끝없이 밀어 올리는 돌은 그의 생존에 다름 아니다. 사는 일엔 이유가 없다. 살아 있는 그 자체가 이미 부조리하다. 그러나 어찌됐든 돌을 밀어 올리는 일은 어렵고 힘드니 피할 수 있으면 피하는 궁리를 해야 한다. 그 방법으로 생각할 수 있는 것이 불로소득을 취하는 일이다.

그것도 대박을 터뜨려야 하는데 평범한 사람이 갑자기 목돈을 잡는 방법은 복권이 거의 유일하다. 로또 복권에서 1등을 맞추면 된다. 그래서 복권방을 지나다니는 길에 한 번씩 사는데, 확률이 영 좋지 않다. 아니 0에 수렴한다고 봄이 옳을 것이다. 본전 찾은 날도 없다. 그래도 한 주일간은 대박 꿈이라도 꾸니 아주 손실만은 아니다. 비록 당첨의 기대는 자꾸 멀어지지만.

다음으로 시도해 볼 수 있는 것은 자본주의를 대표하는 주식에 투자하는 길이다. 복권만큼의 대박이야 되지 않겠지만, 제대로만 풀리면 이만한 돈벌이가 어디 있겠는가? 업황과 종목을 잘 분석하여 예측한다면 몇 배 이익을 얻는 일도 불가능한 일은 아니다. 실제 이 부분에는 전설적인 사람들이 많이 있다. 더구나 노름과 달리 운에 내맡기는 무모한 투기도 아니다. 그래서 내린 결론이 주식투자이다. 처음에는 몇 번 수익을 올렸다. 돈 버는 일이 쉬운 길도 있구나 하고 착각도 했다. 그러나 세상일이 그리 쉬우면 누가 고생을 하겠는가? 결국 손해로 끝났음을 고백한다,

돈은 누구나 원하는 것이지만 공평하게 주어지지 않는다. 다 자기 재주껏 버는 것이다. 나의 헛된 꿈도 헛된 줄 알기에 큰 문제는 일으키지 않고 그럭저럭 살아왔다. 지나친 욕심은 부리지 않았다. 돈을 추구함은 편하게 살고자함에 그 목적이 있는데, 나의 분수를 넘는 과한 행동은 하고 싶지 않았다. 내게 있어 편함은 그저 먹고 사는데 시달리지 않는 정도이지, 그 이상의 화려함이나 과분한 생활을 말함이 아니다. 돈도 거기까지가 돈이다. 지나치면 돈은 사람을 변하게 한다. 운명을 변하게 할 수 있는 힘을 가지고 있기에 돈은 사람을 지배하기 시작한다. 그래서 무섭다.

돈이 욕망이라면 인간은 욕망의 종속자다. 그 유혹에 견딜 수 있는 사람은 거의 없다.

이 세상엔 수없이 많은 이야기들이 오고 가지만, 돈과 사랑이야기가 거의 전부 일 것이다.

사랑과 돈의 싸움에서는 대부분 돈이 승리한다. 권력조차도 돈이

없으면 성립되지 못한다.

그러므로 분수에 넘는 돈이 갑자기 들어오면 나의 교만이 어디로 향할지, 자못 두렵다.

그에 대해 걱정할 정도로 손에 쥔 적은 없으니 궁금하기도 하다.

돈의 운명성에 고개를 수그리고 주어진 대로 살 수 있으면 그런 대로 괜찮다. 하지만 살아가기에 어려울 정도인 형편이면 곤란하다. 안빈낙도라는 말은 예술적 조어이니 믿어서는 안 된다. 그 말속에는 이기적인 폭력이 숨어있다. 옛 글을 보면 아내의 삯바느질로 생계를 겨우 유지하면서, 친구가 멀리서 옴을 반겨 아내에게 술상을 청하는 선비들의 이야기가 있는데, 나는 그들의 탈속적인 상식에 동조하지 못한다. 가난에 머물겠다면 가난에 머물라. 도를 즐기겠다면 즐기라. 그러나 자신이 마실 술과 음식은 스스로 구하라. 도를 핑계로, 밤새워 일하여, 손가락에 피멍이 드는 아내의 비녀까지 술과 바꾸려 하지 말라. 유가의 전수자 안회는 공자에게 드릴 밥의 설익었음을 알아보고자 밥풀 서너 알 입가에 붙였다가, 그 도까지 의심받았다. 그 만큼 돈은 엄격한 것이다. 밥의 도보다 앞서는 도가 없다.

밥의 도는 열심히 일하는 것이다. 그래서 일한 만큼 얻어 자신을 돌보아야 한다. 이것을 일러 안분지족이라고 한다. 분수를 알고 욕심을 그칠 줄 안다는 뜻이다. 돈의 본성은 원래 밥줄이니 끝없는 욕망이 그 원천이다. 그렇게 되면 뺏고 빼앗기는 불안 속에 살게 된다.

필요한 만큼만 욕심내는 것이 순리다. 내가 더 가진 만큼 다른 누군가는 덜 가져야 한다. 그러니 자신을 지킬 정도만 되면 만족하라는 것이 그 가르침이다.

그런데 안분지족의 삶마저 현실에서는 쉽지 않다. 하나를 구하면 또 하나를 구해야 다른 사람만큼 사는 것 같다. 문명이 발달한 현시대에는 인간의 수고로움을 구해 주어야 할 도구들이 오히려 더 바쁘게 만든다. 자동차니 스마트 폰이니 심지어 아파트까지……. 없으면 굳이 사려고 노력하지 않을 텐데, 그걸 구하려니 돈 벌기 힘들다.

큰 돈 벌긴 틀린 것 같으니, 안빈낙도를 칭하며 도포입고 팔자걸음이나 해볼까? 친구를 만나야 하니 술값 좀 달라고 마누라한테 이야기도 해 볼까? 아무래도 돈 벌어 오길 원하는 마누라한테는 안 통하겠지?

풍선 장승

사무실 맞은편 상가 건물이 한동안 비워져 있었다. 금년 들어서 벌써 두 번째다. 며칠 전에 새 간판이 건물 벽에 붙더니 오늘은 아침부터 노래 소리로 시끄럽다. 궁금증에 유리창 너머로 내다보았다. 이벤트 회사 도우미 아가씨 두 사람이 열심히 몸을 흔들며 감자탕집 개업을 선전하고 있다. 비용도 꽤 들어갈 텐데 작은 가게를 열면서 굳이 저렇게 해야 할 필요가 있느냐 싶다. 그래도 주인 입장에서는 저런 이벤트라도 하지 않으면 불안 했으리라 느껴진다. 광고의 시대라고 하는데 자신을 적극적으로 알리지 않으면 살아가기 힘든 광고의 시대를 여실히 보여준다.

도우미 아가씨들 양 옆에 키가 큰 장승 둘이 서 있다. 바람이 세게 불지 않는데도 큰 몸짓으로 팔까지 흔들며 춤추고 있다. 몸에는 천하대장군 지하여장군 이란 글 대신에 감자탕 집 개업이란 띠를 두르고 있다. 시골 마을이나 서낭당 옆에 서 있어야 격에 어울리는데 도시 한 복판에서 주인 대신 손님을 불러 모은다. 질서 없이 춤추는 모습도 무겁게 침묵해야할 본래의 장승 모습에 맞지 않는다. 지금 맡고 있는 일도 마찬가지다. 장승은 사람들의 치성을 받아 소망을 들어 주는 토속 신앙의 대상물인데 장승이 사람들에게 치성을 드리고 있다. 장승의 역할이 반전된 것이다. 스스로의 뜻인지, 세태에 물들어서 그런지는 알 수 없지만 씁쓸한 마음이 든다.

지나간 시절을 생각해 본다. 사회에 나서기 전의 나는 내성적이어서 다른 사람들과 쉽게 어울리지 못했다. 말하고 싶은 것이 있어도 속으로 밀어 넣었다. 혼자의 세계에 갇혀 이상과 현실을 오갔다. 그러던 내가 생존이란 문제에 부딪히면서 점점 변해 갔다. 나를 알리지 않으면 인식해 주지 않는 세상과 마주 서면서 부터다. 사람들은 누구나 자신에게 열중하면 상대를 제대로 바라보려고 하지 않는다. 침묵만으론 소통할 수 없다. 눌변은 다변이 되어갔다. 생각이 정리되지 않은 말이 많은 만큼 서로 상처를 주고 상처를 받게 되었다. 그런 아픔에 서서히 익숙해져도 삶이라는 이름으로 변명하곤 했다.

가장이란 무게를 지고 세상 앞에 서게 되었다. 인간은 생존이란 문제 앞에 그리 강한 존재가 아닌 터에 누군가를 지켜준다는 것은 하나의 짐이다. 비겁하고 거짓된 행동을 하는 변신은 어쩔 수 없는 선택이 아닐까 싶다.

장승은 왜 변신을 선택했을까? 침묵으로 인간과 거리를 두고 영원한 세계와 소통하는 것이 더 어울리는 일일 텐데! 어쩌면 신이 될 수 없는 자의 한계에 절망했을지도 모른다.

자연의 물체로 만들어진 장승도 유한하다는 점에서는 약한 존재다. 그런 허약함에 기대어 소원을 비는 사람들에게 부담을 느꼈으리라. 그래서 기원을 경청하는 자에서 소망을 비는 자로 변신하여 찬바람 속에 치성을 드리는지도 알 수 없다.

장승을 만든 재료는 돌과 나무다. 주변에서 구할 수 있는 재료를 써서 만든 이들이 원하는 모습을 새겨 가깝게 두었다. 조각된 모양을 보면 사실적인 작품이 아니다. 커다란 귀와 코, 남을 잡아먹을 듯 험상궂게 뜬 눈과 벌어진 입의 모양이 대부분이다. 그러나 공격적인 모습은 아니다. 한참 지켜보고 있노라면 괴롭히는 상대방 앞에서 과장된 위엄을 보이는 시골 노인의 허세가 느껴진다.

나무나 돌로 만들어져야 할 장승이 풍선이 되어 서 있다. 어두워져서 이벤트 회사 아가씨들이 돌아갈 즈음이면 자신이 장승이었음도 잊고 비닐 풍선이 되어 어느 자동차 트렁크에 실려 있을 것이다. 꿈이라도 꾸었으면 한다. 그 속에서는 마을 동구 밖에 서있는 침묵하는 돌장승이 되었으면 좋겠다.

늦은 저녁 퇴근할 무렵에도 풍선 장승은 여전히 긴 허리를 굽혔다 펼쳤다 하고 있다. 신장개업한 업소를 찾아 달라고 사람들에게 호소하고 있다. 감자탕 장사를 하려는 주인의 힘이 되어 달라고 부탁한다. 가만히 지켜보노라니 장승이 풍선이 되어버린 이유가 따로 있는 것 같다. 시골 노인의 허세로 보일지라도 힘든 세상살이를 견

더 내려는 감자탕 집 주인의 안타까움을 같이 하려는 듯 보여 진다. 받는 대상이 아니라 소망을 함께 빌어주기 위해 스스로 돌을 깨어 버린 것은 아닐까?

장승 옆에 서서 전단지를 내 손에 쥐어주는 나이든 주인의 불안하고도 기대에 찬 눈빛을 슬쩍 훔쳐본다. 삶의 한자리를 지키려고 애쓰는 모습이 남의 일 같지 않다. 겨울 찬바람은 오늘 개업하는 식당 주인에게만 불어오지는 않는다. 서로 손을 잡아 온기를 나누며 추운 날들을 견뎌야 할 터인데, 갑자기 부끄러워진다.

풍선장승을 올려다보니 어둠 속에서도 웃고 있다. 숭배의 자리에서 광대로 탈바꿈하여도 후회되지 않는 기색이다. 장승을 바라보며 욕심과 자기 위주의 삶에서 벗어 날 수 있을지 속으로 물어본다. 가진 것들을 버릴 수는 없어도, 삶의 굿판에서 신명나는 춤 한판 정도는 춰주어야 된다는 타이름을 풍선 장승의 몸짓에서 듣는다. 버스 정류장을 향해 걸어가는 발걸음이 무겁다.

봄은 없다

2014년 4월에 봄은 없다. 생명을 유기(遺棄)한 우리 세상에 더 이상 봄은 없다. 봄은 어디 갔는가? 이미 죽어 저 험한 바다에 버려져 있는 것이 보이지 않는가? 추악하고 지독한 욕망이 찢어버린 연약한 목숨이 지르는 비명을 들으라. 봄이 죽어버린 이 세상에 구원은 없다.

사고는 우연을 가장하고 갑자기 들이 닥친다.

재난 앞에 인간은 약해진다. 두렵다. 그러나 싸워야 한다. 생명이 주어진 이래 언제나 위험은 있어 왔다. 서로를 믿고 도우면서, 당당하게 맞서야 한다. 이것이 사람이 사람인 이유다. 더구나 책임을 맡은 자는 주어진 직무에 정직해야 한다. 책임이란 이 사회가 주는 질문에 대한 답이다. 해야 할 일을 두고 달아나서는 안 된다. 그것은 우리 사회에 대한 반역이다.

항해하는 선장이라면 배의 책임자다. 배가 전복되면 구명정을 내리고 구조 신호를 보내며 질서를 지켜 승객의 목숨을 보호하는 것. 배의 선장으로서 할 일이다. 마지막까지 배를 지키는 것. 뱃사람의 명예이며 전통이기도 하다.

1852년 영국해군 수송선 버큰헤이드호의 선장 시드니 세튼 대령. 1912년 북대서양 항해에서 침몰한 타이타닉호의 에드워드 스미스 선장. 두 사람 다 배와 운명을 같이 함으로써 선장으로서의 명예를 지켰다. 그런데 세월호 선장과 승무원들은 명예와 전통은 고사하고라도, 수 백 명의 목숨을 바다에 수장시켰다. 그리고도 끝없이 거짓말하고 법을 피해 나갈 구멍을 찾기에 여념이 없다. 도대체 죽어간 사람들에 대한 죄의식이라도 있는 것인가? 사람이 가져야 할 최소한의 양심도 없는가?

사회는 인간이 세운 기본적 원칙에 따라 작동하는 것이다. 믿음과 책임, 명예와 헌신은 공동체를 지탱하는 절대 덕목이며 지켜야 할 도리이다.

이 원칙이 훼손된다면 인간 사회는 정상적인 기능을 할 수 없다. 신뢰가 깨진 사회는 투쟁과 야만의 원시 자연 상태로 돌아가게 마련이다.

2014년 오늘의 대한민국은 선진국의 문턱에 다다른 세계 10위권의 경제 대국이다. 대학 진학률이 80%가 넘고 국민소득도 2만 5천 달러에 이르는 문명국이다. 그런 나라에서 야수도 하지 못할 참사를 인간이 저질렀다.

우리가 과연 문명인이며 문명국가의 국민인가? 자신의 이익을 위해 어떤 위험과 탈법도 서슴지 않는 탐욕과 이기가 판을 치는 사회가 정상적인 인간 사회인가?

세월호의 선사는 청해진 해운이다. 이익을 남기기 위해 화물을 과적하고 선실을 증설하여 배의 복원력에 심각한 결함을 준 선사다. 그 배후에는 구원파라는 종교 단체가 있다고 한다. 종교가 현실의 탐욕에 간섭한다면 종교는 더 이상 신성하지 않다. 인간이 신의 이름을 빌려 말할 때 그 신은 더 이상 신이 아니다. 신은 인간의 말을 빌리지 않는다.

해운사만 문제 있는 것이 아니다. 관리 감독해야 할 기관과 공무원, 남의 위난을 기회로 돈벌이에 나선 회사 대표. 이를 빌미삼아 선전 선동하는 집단과 언론들. 온통 아비규환의 세계다. 아수라장이다. 그러면서 자신은 이방인인양 행동한다. 날선 비판은 있되 자기 반성은 없다.

그러나 이 재난을 일으킨 것은 우리 모두이며 우리 사회시스템이다. 누구도 이 사건에서 완전히 자유로울 수 없다. 지나친 경쟁과 출세주의, 돈에 대한 탐욕과 향락주의. 자유를 빙자한 방종. 개인 우선의 극단적 이기주의. 과도한 권리의 요구. 권력과 금력의 야합. 거짓된 선동.

이 총체적인 불신과 부도덕의 문제가 세월호로 나타난 것 이다. 선장과 해운사의 몰염치와 탐욕성은 오늘날 우리들의 자화상이다.

지구상 가장 가난한 나라에서 부유한 나라로 성장하기까지 수단과 방법을 가리지 않고 부를 축적한 백성들의 부도덕이 재앙으로 나타난 것이다.

재난의 신호는 오래전부터 있어 왔다. 산업 재해가 발생해 1명의 중상자가 나오기까지 경상자가 29명, 같은 원인의 잠재적 부상자가 300명이 이미 존재한다는 허버트 윌리엄 하인리히의 1931년 저 「산업재해 예방: 과학적 접근」의 "하인리히 법칙"을 인용할 필요도 없다. 백화점이 무너지고 다리가 붕괴되는 20여 년 전 사건부터 금년 초에 대학생들의 MT 수련회장 건물이 무너져 내린 있을 수 없는 일들은 모두 잊었는가? 사람 사는 건물을 이재의 도구로 삼는 수익 우선의 원칙, 그 삭막함에 기가 질린다. 가난을 물리치기 위한 신산스런 수 십 년이 우리 모두를 괴물로 만들었다

압축성장의 폐해다. 과정을 생략하고 결과만을 중시하는 팽창 문화적 산물이다. 사물이 이루어지는 데는 시간이 필요하다. 시간은 나와 너를 섞어가는 과정이다. 엉킨 실타래를 하나씩 풀어가며 새로운 질서를 만들어야 하는데 과정이 생략 되었다. 결과만을 중시하면 인간이 사라진다. 인간성은 생명 존중이 우선이다. 타인을 극복하고 이기는 것이 선(善)이 아니라, 더불어 살아가고 아픔을 나누는 것이 선(善)의 길이다. 내가 아픈 만큼 타인도 아프다는 교감이 배려하고 보살피는 같이 사는 사회가 되는 것이다.

한나 아렌트의 「예루살렘의 아이히만」이란 보고서에 악의 평범성에 관한 글이 있다.

> 악은 의외로 평범하다. 악이란 피에 굶주린 악귀도, 냉혹한 악당도, 뿔 달린 악마처럼 괴이한 존재도 아니며 광기로 휩싸여 있는 살인마도 아닌 그저 우리 주변 어디에서나 볼 수 있는 평범한 사람과 마찬가지로 언제나 우리 곁에 만연해 있다.

2014년 오늘의 우리도 악의 평범성에 길들여져 있는 것은 아닐까? 아무런 생각 없이 부조리와 타협하며 살아가고 있는 것은 아닐까?

2014년 4월 우리에게 봄은 없다.

그리고 아프다. 많이 아프다.

효 선언문

우리들은 한국의 효정신이 현시대가 직면한 삶의 이념에 대한 해체와, 이에 따른 분열과 다툼을 극복 할 수 있는 인류 본래의 가치이며 사람이 가야할 길임을 천명한다.

오늘날 우리사회는 물질주의와 이기주의. 합의되지 않은 신념에 의한 질서의 파괴. 공동체 구성원의 상호 불신으로 인해 혼란이 극도에 이르렀다. 이에 우리 사회가 가져야 할 근본적인 가치체계를 재정립해야 할 때가 왔음을 믿는다.

예로부터 우리 겨레는 자식은 부모를 공경하고 부모는 은애(恩愛)로써 자식을 보듬어 공동체의 선 규범(善 規範)인 화합과 질서, 상호존중과 믿음으로 인간의 본질적 의미를 실천하는 문화적 전통을 가지고 있었다.

그러나 급속한 물질적 발전과, 무분별한 서구 사조의 도입으로 생명 경시와, 인간성 부재의 사회적 병리 현상이 나타났음을 인정할 수밖에 없다. 그러한 결과로 우리 사회는 새롭게 등장한 신 오적에 의하여 크게 위협 받고 있다.

1. 경로 효친이 사라지고 부모님을 모르는 불예(不禮)의 적
2. 아이를 낳지 않고 돌보지 않으려는 불성(不性)의 적
3. 내 몸이라고 마음대로 자살을 해버리는 불의(不義)의 적
4. 가정이 무너지고 가족을 파괴하는 불신(不信)의 적
5. 지식만이 우선이라고 인성을 도외시하려는 불인(不仁)의 적

대자연 속에서 사람은 홀로 사는 존재가 아니며, 시간 속에서 영원함을 지향하는 존재이다. 사람은 사람과 함께 하여야 하며, 사람은 사람으로 이어짐이 자연의 이치이다.

따라서 부모와 자식은 천륜이며 사회를 이루는 기본 질서이다. 서로 공경하고 돌봄으로써 지나친 탐욕과 이기의 인간 파괴적 행위를 지양해야 함이 마땅하다.

그러나 경제와 생존의 단위가 가족공동체에 의존하였던 근대이전의 윤리적 개념으로써 개인에게만 부양과 질병, 고독으로 부터의 보호를 요구함은 현대 한국의 시대적 상황으로 보아, 한 사람이나 한 세대가 참고 받아들이기엔 그 정도가 지나치다.

이러한 점에 비추어 우리 시대의 효는 개인과 가족, 가족과 지역사회, 지역사회와 국가가 같이 참여하는 우리 민족 모두의 능동적 실천이 요청된다 할 것이다.

이러한 시대 인식을 같이하면서 우리 모두는 아래의 사항을 선언한다.

하나 효정신이 현 시대를 치유하는 본질적 가치임을 선언 한다

하나 효 정신이 양극화된 세대간, 이념간의 갈등을 해소하는 문화적 가치임을 선언 한다

하나 효 생각 효 실천 효 생활화 운동으로 인간성 회복과 사회적 동질성을 실현 한다

하나 효 문화가 세계적 정신문화로서 인류에 공헌 할 수 있도록 계승 발전시킨다.

서기 2014년 3월 8일

한국의 효 선언

(효 선언문은 효 문화지원본부 본부장인 신 석산님과 공동 작성하였습니다)

해 설

사람은 결국 하늘과 땅 사이에서 숨 쉬는 생명이며, 생명이란 위대한 대자연의 본질과 이치에 따르는 존재일 수밖에 없습니다. 자연은 영원성을 본질로 하며, 변화를 통하여 시간과 공간을 열어 나가면서 그 모습을 드러내고 있습니다.

계절이 바뀌고 꽃은 피고지고 해는 뜨고 집니다. 이러한 변화는 나고 죽는 생명 현상이라 할 수 있으며, 인간에게는 부모와 자식을 통한 생명전이의 형태로 나타납니다. 이러한 생명의 전이는 몇 가지 본질적인 현상과 실체를 거치는데 효에 있어서 본질이란 인간 생명의 변화와 영원성이 가지는 현상과 실체 그 자체라고 할 수 있습니다.

그러면 동물도 식물도 자손을 통하여 번식하니 인간과 다른 점이 무엇이냐 하는 질문을 할 수가 있습니다. 그렇습니다. 번식이라는 생물학적 관점에서는 동일합니다.

효는 그러한 부분도 본질적 요소로 합니다.

그러나 저는 분명히 효는 인간 생명의 변화와 영원성이 가지는 현상이라고 못을 박았습니다. 그것은 인간만이 세계를 인식하고 그 인식을 구체화 시키는 수단 즉 문화를 가지고 영속 시키려는 의지를 가지고 있는 존재이기 때문에 생체 본능적 반응에 의존하는 동식물과 구별 될 수밖에 없다는 점을 명백히 해 두겠습니다.

그러면 효는 왜 인간의 본질 가치인가 하는 점을 지적한다면 효는 인간 생명의 이전으로 인해 자연이 가지는 영원성의 문제와 맞닿아 있고 효에 있어서는 인간 생명 근본의 존재와 그 인식이라고 할 수 있습니다.

구체적으로 본다면

첫째 : 생명의 현상은 영원성에 있고

둘째 : 영원성은 생명의 변화를 통해 후손에게 이어짐에 있고

셋째: 인간 생명의 영속성 즉 변화는 품음과 따름에 있다.

이것이 바로 영원성이 주는 효의 본질적 가치이며 실체입니다.

품음은 희생이요 아낌이며 생명의 흐름을 온전히 하는 일입니다.

따름은 새김이며 공경이며 다시 품음을 준비하는 일입니다.

부모는 자식을 품고 자식은 부모를 따릅니다.

그러므로 하나의 세대 하나의 세계가 가고 또 다른 하나의 세대 또 다른 하나의 세계가 인간을 영원으로 이끌어 가는 것입니다.

만일 이러한 품음과 따름이 없다면 인간은 이 세계의 주인이 될 수 없으며 자연에서 도태될 것입니다.

품음으로써 화평하고 따름으로써 공존하며 공존함으로써 생명의 영원성을 확보하게 됩니다.

이러한 효의 확장 형태가 국가와 사회에 대한 봉사 헌신 우정 부부애 등의 형태로 모습을 달리하여 나타나게 됩니다.

그러므로 효는 폭력과 분열의 이 시대와 세계를 치유하는 생명원리이며 시대정신으로서 요청되는 평화와 화합의 메시지가 될 수 있는 본질가치인 것입니다.

특별기고

김평겸 타데오 신부

마르코 복음 12.41-44절에서 예수님은 동전 한 닢을 헌금한 과부에 대한 칭찬을 하시는 구절이 있습니다. 재물은 어떤 사람에게는 하찮은 것이 될 수 있지만, 다른 어떤 사람에게는 목숨이 될 수 있습니다. 특히 가난한 과부가 가진 작은 반지 하나는 그 사람의 일생 일 수 있습니다. 그것을 신학대학을 갓 졸업한 한 젊은 신부님이 받으셨습니다. 그 반지는 신부님에게 충격이었으며, 마음 깊이 남아 있었습니다. 어찌 보면 그 작은 반지 하나가 신부님의 사제 생활을 이끌어준 하느님의 축복일 수도 있습니다. 그래서 당사자이신 김평겸 타데오 신부님의 원고를 이 책에 싣습니다.

일마 할머니

가을 냄새 조금씩 풍겨나는 10월 초순, 지금 내가 살아가는 이곳 몰운대 성당에 부임을 하였습니다. 그 때 전임 신부는 구포성당 출신 신부로서 제가 구포성당에 있을 때 신학생이었고, 그곳에서 그는 서품을 받았습니다.

그 신부가 제게 "신부님, 일마 할머니 알아요?" 하고 물었습니다. "잘 알지, 내가 구포 성당에서 가장 좋아하는 할머니 이었는데…" 하고 말하니 "신부님, 그 할머니 손녀가 몰운대 살아요. 신부님께 큰 도움이 될 거예요"하고 말하였습니다.

일마 할머니의 손녀가 있다는 말에 나는 지나간 과거를 회상할 수 있었고, 큰 위로를 얻을 수 있었습니다. 나와 일마 할머니와는 잊지 못할 사건이 있습니다.

30여 년 전 제가 구포성당에 부임할 때 할머니는 그 곳에 있었습니다. 작은 체구의 일마 할머니는 무척 부지런한 분이었습니다. 그 분은 키가 작았지 마음은 무척이나 큰 분이었습니다. 항상 웃음을 잃지 않았고, 조용하며 차분하신 분이셨습니다. 나이 먹으면 잘 삐치고 다툼이 많다는데, 할머니는 결코 다투거나 삐치지 않았고, 누구에게나 호응을 받는 매력 있는 할머니였습니다.

할머니의 삶에 있어, 신앙생활이 할머니의 전부였습니다.

제가 구포성당에 부임했을 때, 사제관 주방에 어머니가 계셨습니다. 비록 아들과 함께 있지만, 낯선 곳이라 처음에 상당히 외로워했습니다. 그런데 어느 날부터 친구가 생겼습니다. 그 분이 일마 할머니였습니다.

점차 제 어머니와 함께 하는 시간이 많아지고 길어지더니, 나중에는 거의 종일 함께 지내는 것이었습니다. 제 어머니는 거의 열 살이나 나이 많은 친구를 얻었고, 외로움도 잊을 수가 있었습니다. 감사하지 않을 수 없었습니다.

다이아 반지와 목걸이 사건

제가 할머니께 감사하며 잊지 못할 사건이 하나 있습니다. 80년대 후반입니다. 구포성당에서 새로 분가하는 화명성당을 짓기 위한 모금을 할 때였습니다.

어느 날 할머니께서 "신부님, 이거 화명성당 짓는데 보태 쓰세요." 하며 초록색 띠를 두른 하얀 수건을 제게 건네주었습니다. 그 속에는 백금을 두른 다이아 반지와 목걸이가 있었습니다.

순간 저는 생각했습니다. "아하, 일찍 돌아가신 할아버지의 결혼 패물이구나!" 너무나 감격스럽고 고마웠습니다.

원래 패물은 며느리에게 보여만 주고, 건너 주어서는 안 된다고 합니다. 보여만 주면 며느리 손에 넘어갈 때까지 평생 대접을 받지만, 건네주면 그것으로 끝난다고 합니다. 한편으로 그 반지와 목걸이가 할아버지의 결혼 패물이었다면, 더 내어 놓기 어려운 일이었을 것입니다.

하지만 신앙이 가장 중심인 할머니는 성전 건립을 위해 기꺼이 자신이 아끼는 가장 중요한 것을 하느님께 내어 드린 것입니다. 정말 감격스러웠습니다.

그러나 문제가 생겼습니다.

당시 구포역 주변에 있던 '금호양행'이라는 금방에 가서 감정을 해 보니, 그 다이아가 진짜가 아니라는 것이었습니다. 한편으로 실망스러웠습니다.

저는 이렇게 생각했습니다.

돌아가신 할아버지가 결혼 패물을 가짜로 했을 리가 없다. 그리고 할머니도 그것이 가짜라고 생각하지 않았을 것이다. 그렇다면 할머니에게 있어, 그 반지와 목걸이는 가짜 다이아가 아니라 진짜 다이아이며 하느님께서도 진짜로 받아주실 것이다. 라고 생각했습니다. 그리고 저는 할머니가 돌아가실 때까지 그 반지가 가짜라는 말을 못했습니다.

세월이 사반세기 흘러올 동안 성사에 대한 수많은 강의를 해 오면서, 나는 이 반지의 예화를 듭니다. 그리고 "할머니가 성전 기금으로 내어 놓은 이 반지와 목걸이가 진짜 입니까? 가짜입니까?" 하고 물어봅니다. 어떤 사람은 진짜라고 하고 어떤 사람은 가짜라고 합니다. 그러면 나는 이렇게 말합니다.

"현실적이고 물질적이며 이기적인 마음을 가진 사람들에게는 그 반지와 목걸이가 가짜로 보일 것이며, 진실을 추구하며 마음 따뜻하게 살아가는 사람들에게는 그 반지가 진짜일 것입니다."

이제 세월이 흘렀습니다.

할머니의 손녀를 몰운대 성당에서 만났습니다. 반지와 목걸이에 대해 이야기를 했고 답도 들었습니다. 그리고 가장 중요한 것은 사랑만이 우리의 삶을 가치 있게 한다는 것도 알았습니다.

그리고 뒤늦게 알았지만, 그 때 내게 세례를 받은 할머니의 증손녀는 이곳에서 내게 혼인 성사를 받았습니다. 할머니의 축복이 자손들에게도 미치는 것 같습니다.

일마 할머니, 사랑합니다.

서민적 소재와 중후한 사유

- 김창균의 『요중선(搖中禪)』

박양근

(부경대 교수, 문학평론가)

요중선을 꽃 피우는 수필가

문학이란 언어로 삶의 가치를 베푸는 정신적 행동이다. 수필도 일상적 소재를 바탕으로 현실의 삶이 무엇인가를 일깨워준다. 시민의 삶 속으로 들어가서 함께 사람들과 대화를 나누는 수필은 종교에서 말하는 설법과 같다. 수필과 설법은 삶의 길을 전한다는 점에서 동일한 목적을 지닌다. 우리가 수필을 '인생의 길'이라고 부르고 성찰과 사유를 거듭 거론하는 이유도 수필이 '가르침'이라는 인문학적 가치를 남달리 소중히 여기기 때문이다.

김창균 수필가는 2010년에 『한국수필』에서 등단한 후 사람들에게 읽히는 수필을 쓰고 있다. 첫 수필집에 『요중선(搖中禪)』이라는 서민적인 대화법을 중시하는 제목을 붙인 까닭도 평소의 인생관과 사회관이 반영된 결과이다. "요중선"이란 시장 거리에서 중생들에게 가르침을 내리는 설법을 말한다. 산에서 초연하게 선을 펼치는 '정중선'과 달리 '요중선'은 실제 삶에서 소통을 중시한다. 담긴 내용도 인생의 현장에서 일어나는 생활과 성찰이 대부분이다. 이것을 위해 김창규은 일상적인 소재와 일상용어를 가져와 누구에게나 도움이 되는 글을 쓰려 한다.

김창규은 생활에서 더없이 소탈한 모습을 잃지 않는다. 세무사로 오랫동안 활동을 하고 있지만 얼핏 보면 숫자와 법률과 거리가 먼 호방한 인품을 보여준다. 산행을 즐기고 꾸밈없는 말씨로써 주변 지인으로부터 믿음을 받으면서 자신의 신념을 지켜온다. 그런 면모를 합치면 "요중선" 실천인이 김창규 작가라고 말할 수 있을 것이다.

『요중선』은 김창규의 삶을 대변하는 일종의 명상록이다. 이 작품만으로도 김창규은 독자와 더불어 세상을 살아가고 있는 성찰과 실천의 작가라고 부를 수 있다.

언어로 민중의 선(禪)을 펴다

김창규의 수필은 스토리텔링으로 펼쳐진다. 스토리텔링은 일상에서 대하는 소재와 누구나 쉽게 이해할 수 있는 문장으로 인생의 도리를 일러주는 구화 형식이다. 현대판 이솝우화와 신라시대의 원효대사가 활용한 설법과 비슷하다. 작가는 자신의 이야기체 수필을 "요중선"이라고 부른다. 사부대중의 안위와 행복을 도모하는 요중선을 구체적으로 표현하는 방법은 남과 비교하지 않고, 보고 듣는 것을 줄이고, 말을 아끼는 것이라고 설명한다. 종교에서 실천하는 참선이 수필에서 말하는 사유와 성찰과 같을 것이다. 작가는 그 첫걸음을 허심에서 찾고 있다.

> 허심의 처음 수행은 남과 비교하지 않음에 있다. 소유의 과다, 지위의 높고 낮음, 현명함과 우둔함에 마음이 끌리면 평상심을 가지기 어렵다.… 우울증과 강박증 같은 정신질환도 다 그와 같은 마음의 격랑이 스스로를 다치게 하여 일어나는 병이다. 산이 낮으면 사람이 모이고 산이 높으면 계곡이 깊어 물이 맑다. 사물은 다 각각 쓰임새 따라 사는 법이다.
>
> -「요중선」 일부

작가가 설명하는 허심에는 자연법과 불법이 어울려 있다. 자연법은 산은 산일 뿐 물이 아니고 산과 물처럼 모든 존재가 나름의 가치를 지닌다는 것이다. 불법이란 자연처럼 사람은 서로 독자적이며 자신과 함께 타인의 존재를 평등하게 인정하는 허심이 삶의 기본이라는 것이다. '요중선'을 요약하면 만민평등주의이다. 작가는 모두 서로가 수행공덕이 깊다고 여긴다면 어찌 오만해질 수 있는가? 라고 묻는다. 이렇듯 김창균의 수필에는 서민적이면서 나름의 인품을 지키자는 약속이 들어 있다.

'요중선'이라는 주제를 구체화한 작품으로 우정론을 다룬 「생사지교」를 들 수 있다. 유안진 시인의 『지란지교를 꿈꾸며』에서 빌려온 우정론을 작가는 "허물없이 차 한 잔 마실 수 있고, 눈 내리는 밤에 찾아갈 수 있고, 한번쯤은 남의 이야기를 그냥 주고받을 수 있는" 사이가 친구라고 말한다. 나아가 "소주 함께 마실 수 있는" 조건을 덧붙인다. 작가가 함께 살아온 친구들은 "인생이라는 전투에서 살아남은 전우" 들이다. 그들은 처절한 생존투쟁을 가치면서 살아왔다. 이것을 지켜본 작가는 남의 성공과 불행을 마음으로 나누지 못하는 현대사회의 이기심에 경종을 울리고 싶어 한다. 그 우정론이 『요중선』이 펼쳐내는 첫 번째 인생론이다.

인간은 사회적 신분으로 구분되어져서는 안 된다. 인간은 전쟁터에서든 노름판에서든 항상 선택의 기로에 서 있다. 노름판을 '돈 판'이 아니라 약육강식의 현장으로 풀이한 「선택」은 인간의 한계성을 고발한다. 사람들은 판돈이 커질수록 선택의 순간과 승패의 결과를 신의 책임으로 돌리기 쉽다. 그래서 "이긴 자가 강하다"는 역설이 이루어진다는 것이다. 영화도 수필소재로 제시된다. 영화 「타짜」가 관객에게 매력을 주는 이유는 "사(邪)의 탐구"에 있다고 설명하는 작가는 속고 속이는 사(邪)를 "손은 눈보다 빠르다"라는 표현으로 설명한다.

화투를 소재로 한 「선택」과 노름을 다룬 「타짜」에 이어 작가는 「정수와 꼼수」에서 바둑을 이야기한다. 바둑을 잘 두려면 꼼수를 부리기에 앞서 정수를 배워야 한다. 그럴 때 프로가 된다. 작가는 「프로는 무서운 실력을 가진 자」라고 정의를 내린다. 그러나 타짜를 그냥 지지하는 것이 아니라 "경륜과 실력을 모두 가져야 이길 수 있다"는 정도를 내세운다. 이 프로정신이 요중선에서 말하는 두 번째 능력이다.

작가는 영화 「명량」을 두고 이순신의 위인전보다는 운명에 순응하는 인간의 일대기로 바라본다. 시장바닥처럼 전쟁터에 신의 선택이 끼어든다. 어떤 인간도 그 운명 앞에서 정직할 수밖에 없다. 작가는 "인간이 할 수 있는 일은 견디는 일"뿐이므로 "운명이 거둘 때까지 달아나지 말라"고 충고한다. 이순신 장군은 이것을 엄숙하게 받아들였다. 이순신 장군의 위대성은 울돌목의 지형을 이용한 전략에 있는 것이 아니라 참을 수 없는 것을 참아낸 인내심에 있다. 이순신을 국민적 영웅이 아니라 서민적 인물로 그려내어 오히려 위대함과 친화성을 높여준다. 이것이 『요중선』이 전하는 세 번째 가르침이다.

김창균이 선택한 도박, 화투, 전쟁이라는 소재는 무협소설로 이어진다. 무협소설은 옛 검객들의 이야기이지만 그들의 정신은 오늘날에도 고스란히 적용될 수 있다. 어찌 보면 무림세계야말로 가장 정도를 보여주는 삶의 모형일 것이다.

> 무협이 다루는 주제는 정 과 사, 의 와 정 같은 보편적 문제를 다루고 있으나 그 중심을 관통하고 있는 것은 협이다. 협이란 사

전적 의미로는 옳음을 위하여 희생하는 정신이다. 여기에서 옳음은 바를 정이다. 충과 효 우정과 의리 같은 전통적 가치이다. 그 가치의 경계를 가르는 기준도 명백하다. 선과 악이 뚜렷하게 갈라져서 의심의 여지가 없다.

-「소호강호」 일부

무림이 추구하는 자아희생은 검객만의 도리가 아니다. 종교인과 문인뿐만 아니라 모든 사람들이 마땅히 지켜야 할 가치이다. 옳은 일을 위해 희생하는 도리를 무림에서는 협(俠)이라고 부른다. 협(俠)을 동경하는 작가는 글을 쓰는 필(筆)을 무인의 칼과 동일시한다. 이것이 김창균 수필정신의 중심이다.

그는 무림 세계가 추구하는 의로움을 현대사회에 적용하기 위해 감정이입을 도입하고 단순명료한 문장기법을 유지하려 한다. 나아가 부정이 가득 찬 현대에 검객 같은 문인이 등장하기를 기대하는지도 모른다. 그 점에서 「소오강호」는 문필가로서 김창균의 필력을 대표한다.

김창균의 수필에서는 꽃도 세상살이를 풀이하는 형상물로 등장한다. 주제를 구체화하는 상징이라는 것이다. 요중선의 상징으로서 꽃을 담아낸 수필이 「벚꽃」이다. 벚꽃이 피고 지는 과정을 묘사하면서 작가는 꽃의 차이는 빛에 있다고 말한다. 작가는 "서로 다름을 구별함으로써 차이가 차별이 된다"고 풀이하면서 꽃이 빛을 어떻게 받아들이느냐에 따라 모습이 달라진다고 설명한다. 그것을 "현상이 먼저 온다"는 말로 풀이한다. 작가는 사람들이 이 점을 깨닫지 못하는 것이 안타깝다. 왜냐하면 현상과 실체는 언젠가는 모두 사라져 버리기 때문이다.

> 근본적으로 인생은 슬플 수밖에 없다. 슬픔은 우리가 사라지는 존재라는 것. 우리의 있음은 우연한 것이라는 것. 있음을 증명하려 애쓰지만 결국 아무것도 확인 받지 못하는 존재라는 것. 우리의 있음이 우연처럼 다시 가야 한다는 것. 그래서 벚꽃 잎은 봄바람에 흩날리고 봄비에 젖어 흐른다는 것. 이것을 바라봄에 가슴 저리게 될 수밖에 없다.
>
> -「벚꽃」 일부

김창균에게 세상의 모든 것은 현상이다. 현상은 영원할 수 없다. 인간도 죽는다. 흩날리는 벚꽃을 화사하게 응시하는 이유도 낙화에서 인간의 생명이 떨어짐을 상상하기 때문이다. 모든 인간은 피어남과 떨어짐의 사이에 있으므로 서로 다툴 필요가 없다. 이것이 요중선의 또 다른 핵심이다. 김창균의 수필이 적진을 향하여 돌진하는 대장선처럼 장엄하면서도 일순간에 떨어지는 벚꽃처럼 허무한 분위기를 지닌다고 느껴지는 이유가 여기에 있다. 그렇더라도 작가 김창균은 인간세상에서 검객처럼 시퍼런 작가의 지조를 지켜온다.

자아의 삶으로 설(說)하다

『요중선』에는 두 세계가 존재한다. 하나가 보통사람을 위한 교설(教說)이라면 다른 하나는 자신의 삶을 살펴보는 글이다. 전자를 에세이스트의 경륜이라고 부른다면 후자를 수필가의 연륜이라고 말할 수 있을 것이다.

작가로서 김창균은 자신의 삶을 펼칠 때 직접적으로 설명하지 않는다. 사회문제를 다룰 때 서민적 소재를 빌려 온 것처럼 개인 서사를 펼칠 때는 자연물을 상징으로 도입한다. 상징은 인간의 오감을 자극하는 이미지를 발산한다. 이 전달 효과를 잘 알고 있는 작가는 자신의 삶을 자연물에 비겨 풀어내면서 인간의 삶이 어떠한가를 보여준다. 소재들은 대부분 일상적이며 작은 것들이다. 꽃, 국화, 강, 빈 배, 강 나무 벤치, 술, 고래 같은 자연 소재가 있는가 하면 돼지국밥, 이중섭의 황소, 뇌봉탑, 풍선장승 같은 생활 주변의 소재도 적지 않다.

첫 번째 대면하는 자연물이 가을 국화이다. 돌아가신 어머니를 회상하는 사모곡수필인 「가을 국화」에서 작가는 6 · 25동란 때 남쪽으로 피난 와 힘겨운 일생을 보낸 어머니를 "고통의 다른 이름"이라고 부른다. 담배장수, 파출부, 삯바느질을 전전했던 어머니의 삶은 가을 국화처럼 슬프기 이를 데 없다. 그 어머니가 어떤 역경에서도 일어나야 한다는 인내심을 작가에게 물려주었다. 그러므로 인생이 힘들 때마다 작가는 재봉틀로 국화 무늬를 박아나갔던 어머니의 모습에서 용기를 얻는다.

> 재봉틀은 어머니에게 이 세상을 견뎌나갈 울타리였다. 어머니는 손재주가 있었다. 밤새워 재봉틀을 돌리며 옷 수선을 하고, 가끔씩 국화 수를 놓은 치마와 저고리를 만들었다. 노란 국화가 수놓인 치마가 벽에 걸리는 저녁이면, 어머니는 손바닥으로 몇 번이나 쓸어보며 환하게 웃어 보였다. 그러면서도 어머니의 눈가에는 쓸쓸함이 눈물처럼 비춰졌다.
>
> -「가을 국화」 일부

「가을 국화」 속의 어머니는 늘 꼿꼿하다. 어떤 상황에서도 쓰러지지 않는다. 줄기를 바로 세운 국화는 시련을 이겨내는 어머니를 상징한다. "고향집 앞뜰에도 국화가 참 고왔었지"라는 어머니의 마지막 말은 김창균에게 직립(直立)의 자세를 지키라고 가르친다. 옷에 수놓은 국화 문양이 자식에게 자립정신을 지키라는 어머니의 언어이자 설법인 셈이다.

'가을 국화'가 어머니의 삶을 상징한다면 '황소'는 아버지의 존재를 반영해준다. 「이중섭의 황소」에서 작가는 화가의 예술세계를 소개한다기보다는 분노하는 소의 표정을 강조하면서 화가의 내적 심리를 살피려 한다. 이중섭의 황소는 붉은 노을을 배경으로 분노의 표정을 짓고 있다. 작가는 화가가 황소를 그릴 때 아버지라는 존재를 떠올렸다고 생각한다. 성난 황소가 화가 자신도 아버지의 역할을 제대로 하지 못한 불만과 내적 갈등을 표현한다는 것이다. 작가도 그 그림에서 “아무것도 가질 수 없었던 한 인간의 억울함”을 떠올린다. 그 연상이 왜 생겼는지를 알 필요가 없다. 다만 붉은 노을을 배경으로 한 황소의 표정이 평범한 일상에 분노하는 평범한 사람의 얼굴이라는 것만 이해하면 된다.

남자는 언제 좌절하고 분노하는가. 그것은 직장을 잃을 때이다. 인생이라는 시장에서는 일과 돈이 삶에 의욕을 준다. 인간관계에도 관심을 가진다. 그런데 직장을 잃으면 경제력뿐만 아니라 삶에 대한 관심과 친구조차 잃게 된다. 「빈 배」는 그 상실의 인간을 그려낸다. 사람은 때때로 빈 배처럼 비우며 살고 싶지만 그물과 낚싯대가 없는 빈 배의 신세는 원하지 않는다. 젊은 날에는 자유혼이 이상이지만 중년의 직장인에게는 운전할 배가 있다는 구속이 오히려 자유가 된다. 배는 고동 소리를 울려야 한다는 것이다. 명예퇴직한 친구를 빈 배로 그려낼 때, 작가도 언젠가는 빈 배가 되리라는 것을 예감할 것이다. 어찌 그뿐인가. 모두가 그렇다.

자전적 작품으로 「돼지국밥」과 「나훈아」를 제시할 수 있다. 「돼지국밥」은 돼지국밥을 예찬하는 글이다. 평범한 식성을 담아낸 이 수필에서 작가는 인간의 첫 번째 행복은 배부름에 있다고 말한다. 먹는다는 생물학적 욕구를 대중음식으로 풀어낸 주제는 무엇을 먹느냐가 아니라 무엇을 얻기 위하여 먹느냐는 문제를 제기한다. 그것은 “편안함, 배부름의 감각, 산다는 것의 즐거움”이다. 돼지가 배부른 이유는 “꿈을 꾸는 것”이라는 멋진 비유를 가져오면서 사람이 먹는 음식에는 “원초적이고 서민적인 살 냄새”가 배여야 한다고 덧

붙인다. 그가 유달리 돼지국밥을 언급하는 이유도 피난민의 자식으로서 극빈했던 시절을 잊지 않기 위한 노력일 것이다.

김창균의 현 자아를 반영하는 수필이 「나훈아」이다. 젊었을 때 나훈아를 좋아하지 않았던 작가는 막걸리를 마시고 대중가요를 부르는 나이에 다다라 나훈아의 노래와 모습을 좋아하게 된다. 이것들이 힘든 인생에 박자와 장단을 두드려준다. 고단한 인생살이에서 격식을 지키는 명곡은 어울리지 않는다. 그저 신명에 몸을 맡기는 것, 이것이 대중문화를 즐기는 이유로서 작가는 접신이라고 부른다.

> 접신은 박자와 장단이 중요하다. 발을 두드리되 호소하듯 굴리고 손은 기운을 풀어내며 마주쳐야 한다. 그러면서도 단순해야 한다. 아픔과 슬픔 기쁨과 즐거움 4박자로 치고, 슬픔과 기쁨의 두 박자로 흔든다. 그래야 하늘과 땅의 이분법이 명료해 지는 것이다.
>
> -「나훈아」 일부

젊었을 때 작가는 나훈아의 "맨살과 맨 감정"을 싫어했지만 나이를 먹으면서 사랑과 고향을 노래하는 넋두리의 촌스러움에 빠져든다. 시골 소장수를 떠올리는 얼굴, 남세스러운 몸짓에서는 투박한 정직미를 발견한다. 작가는 솔직한 인간사를 막걸리와 대중가요에서 새삼 깨닫는다. 앞만 보고 달렸던 청춘과 중후한 멋을 풍기던 중년시절이 새삼 그리운 작가의 현실이 투영되어 있다.

김창균 작가가 진정 꿈꾸는 정체성은 무엇일까. 세상을 유유자적하게 살고 싶은 자유혼이다. 작가는 그것을 '고래'로 형상화한다. 인간이 현실에 구속되어 있다면 고래는 대양을 자유롭게 유영하는 인격체이다. 고래는 세상의 모든 바다를 무색하게 만들어 버린다. 현실에 갇힌 인간이라면 이런 고래를 어찌 초자아로 삼지 않겠는가.

> 나는 고래를 보고 싶다. 화면에서 보는 고래가 아닌 바다에서 사는 거대한 고래. 수족관의 돌고래도 아니고 선술집 안주로 나오는 밍크도 아닌 진짜 고래 그중에서도 거대한 대왕고래가 물을 뿜어 올리는 모습을 보고 싶다. 그래서 소문만이 아닌 살아서 움직이는 고래의 그 자유를 들이마시고 싶다. 에이허브와 이스마엘이 찾았던 흰 고래가 아직도 먼 바다 깊은 곳에서 유유히 헤엄치는 모습을 상상하면서.
>
> -「고래」 일부

김창균에게 고래는 낭만이며 욕망이며 자유이다. 언젠가 죽거나 포경선에 잡힐지라도 고래가 지닌 자유는 빼앗기지 않는다. 요중선을 수필로 이야기하는 작가가 "거대한 대왕고래가 물을 뿜어 올리는 모습을 보고 싶다"라는 이유는 <작가의 말>에서 "신선 흉내를 내어볼 일이다"라고 고백한 것처럼 자유의 혼을 동경하기 때문이다.

대중문화수필가를 위하여

김창균 수필가가 펼쳐내는 수필은 참으로 넓다. 검객이 거니는 서호부터 흰 고래가 횡단하는 대양에 이르기까지, 타짜의 화투판에서 가을 국화 한 송이가 피는 호젓한 들판까지 걸쳐 있다. 종교적 설법으로부터 대중가요까지의 소재와 주제의 영역도 다채롭기 이를 데 없다.

그렇다하여 그의 작품을 응집시키는 주제의 초점은 변하지 않는다. 그것들은 문인이 지키는 협(俠)의 세계, 보통 시민이 함께 사는 선(善)의 세계, 자신의 본모습을 잃지 않는 정(正)의 세계이다. 작가는 이 세계를 중후하면서도 경쾌한 문장으로 엮어낸다. 김창균 수필이 개인의 이익이 아니라 더불어 살자는 정의의 가치를 추구하고 있다는 뜻이다.

『요중선』은 무엇보다 진솔한 호소력을 중시한다. 스토리텔링으로서 수필은 감동과 공감을 넓히는 것이 필요하다. 종교에서 말하는 보시(布施)와 철학에서 말하는 계몽의 역할을 빌려온다는 의미이다. 그가 소재로서 차와 달빛과 난이 등장하지 않고 대중가요, 화투, 영화, 스마트폰, 무협지를 선택하는 이유는 대중문화 속에 진솔한 눈물과 웃음이 있다고 믿기 때문이다. 이러한 표정을 살려주고 지켜주는 본분이 수필의 길이다. 그 점에서 김창균 작가는 대중문화 수필가로서 손색이 없다.

요중선

2015년 1월 27일 초판1쇄 인쇄
2015년 2월 2일 초판1쇄 발행

지은이 김 창 균
펴낸이 이 길 안
펴낸곳 세종출판사

부산광역시 중구 흑교로 71번길 12(보수동2가)
전화 463-5898, 253-2213~5
팩스 248-4880
E-mail sjpl@chol.com

출판등록 제02-01-96

ISBN 978-89-6125-865-4-03810

값 12,000원